선방에서 길을 물었더니

고즈원은 좋은책을 읽는 독자를 섬깁니다.
당신을 닮은 좋은책 — 고즈원

치열한 구도현장에서 만난 참삶의 가르침
선방에서 길을 물었더니

서화동 지음

1판 1쇄 발행 | 2006. 4. 20.
1판 3쇄 발행 | 2011. 1. 20.

저작권자 ⓒ 2006 서화동
이 책의 저작권자는 위와 같습니다. 저작권자의 동의 없이
내용의 일부를 인용하거나 발췌하는 것을 금합니다.
Copyrightⓒ 2006 by Seo Hwadong
All rights reserved including the rights of reproduction
in whole or in part in any form. Printed in KOREA.

발행처 | 고즈원
발행인 | 고세규
신고번호 | 제313-2004-00095호
신고일자 | 2004. 4. 21.
(121-819) 서울특별시 마포구 동교동 200-19번지 202호
전화 02)325-5676 팩시밀리 02)333-5980

값은 표지에 있습니다.
ISBN 978-89-91319-63-9

고즈원은 항상 책을 읽는 독자의 기쁨을 생각합니다.
고즈원은 좋은책이 독자에게 행복을 전한다고 믿습니다.

치열한 구도현장에서 만난 참삶의 가르침

선방에서 길을 물었더니

서화동 지음

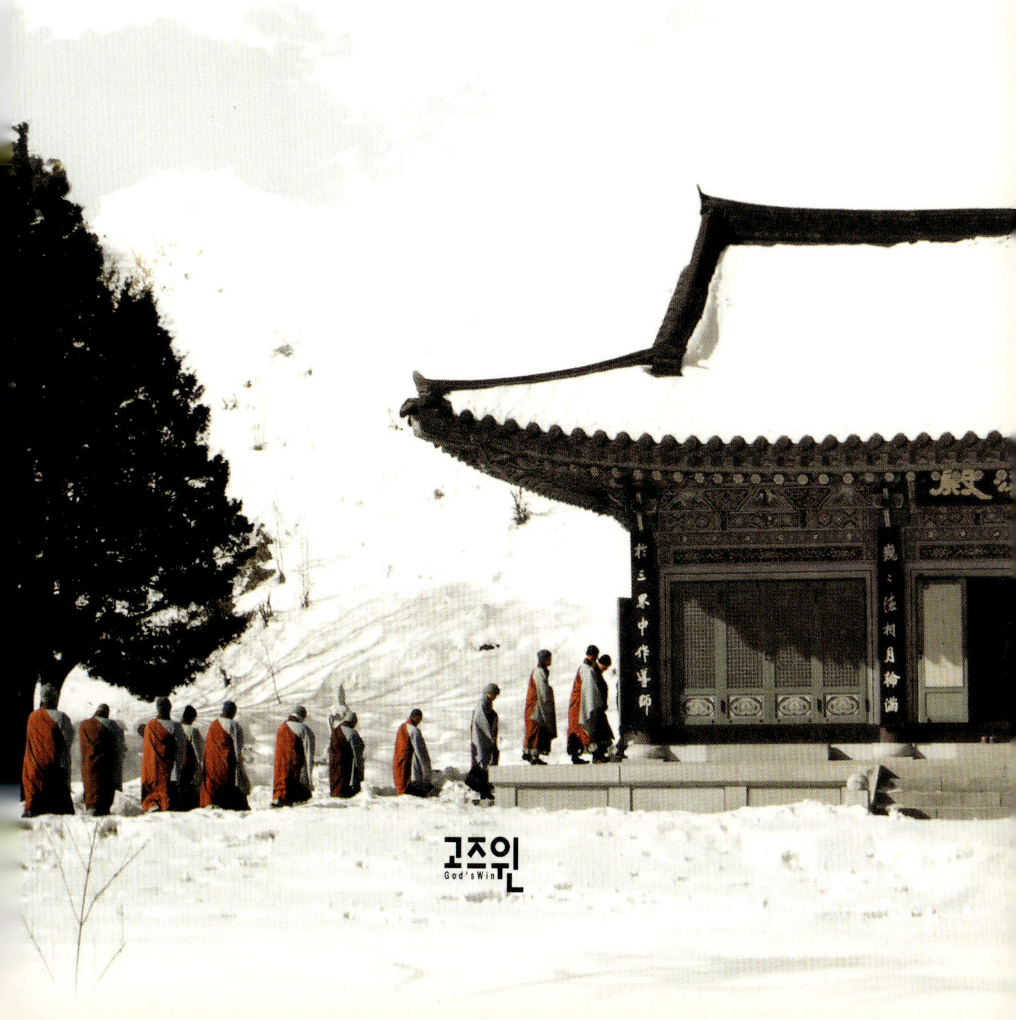

고즈윈 God'sWin

더 지혜롭게 살 수 있도록 깨달음의 길을 일러주신
모든 성자들께 감사드리며 이 책을 바칩니다.

서문

한여름 영축산의 한 토굴에서였습니다. 잠시 인근의 암자를 둘러보고 온 사이 40대 중·후반으로 보이는 두 스님이 어떻게 하면 생사를 건 일대사―大事를 해 마칠 수 있는가를 놓고 심각한 얼굴로 토론을 벌이고 있었습니다. 아니, 토론이라기보다는 하소연 내지 토로에 가까웠습니다. 도대체 깨달음은 어디에 있는 것인가, 왜 백척간두百尺竿頭에 올라서서도 진일보進一步를 하지 못해 늘 제자리인가, 이제 오십줄을 바라보는데 언제나 이 공부를 마칠 수 있을 것인가….

표정에는 답답한 기색이 역력했고 간간이 한숨까지 섞어가며 털어놓는 두 사람의 모습이 저에게는 신선한 충격으로 다가왔습니다. 아, 삶의 목표를 정해 놓고 저렇듯 치열하고 진지하게 고민하는 사람들이 있구나! 두 스님은 한숨 쉬며 답답해했지만 저에겐 그런 그들이 오히려 아름다워 보였습니다. 눈에 보이지도 않고 금세 잡히지도 않는 그 무엇을 향해 달려갈 수 있는 용기가 있고, 달리다 넘어져서 상처 입고 때론 절망하더라도 끝내 포기하지 않는 구도 열정이 있으니까요. 무엇이 이들을 수행의 길로 이끄는 것일까요.

　석가모니 부처님이 마하가섭 존자에게 마음으로 전한 선법禪法은 보리달마 조사를 통해 중국으로 건너와 이 땅에까지 전해졌습니다. 신라 말의 도의 국사가 육조혜능-남악회양-마조도일로 이어지는 법맥을 계승한 서당지장 선사를 스승으로 모시고 공부하여 선법을 받아온 이래 수많은 선지식들이 조사의 심인心印을 잇고 이 땅에 선풍을 드날렸습니다. 신라 때 구산선문九山禪門을 열었던 선사들이 그러했고, 선정과 지혜를 함께 닦는 수행운동인 정혜결사定慧結社를 전개했던 고려의 보조지눌 선사가 그러했고, 화두를 참구하여 깨달음의 세계를 여는 간화선의 수행체계를 확립하고 중국의 석옥청공 선사로부터 임제선법을 받아온 태고보우 선사가 그러했습니다. 불교를 억압했던 조선시대에서도 선의 등불은 면면히 이어져 마침내 경허 선사에 이르러 중흥의 기틀을 마련하고 용성 수월 혜월 만공 한암 효봉 성철 스님 등 지난 세기의 숱한 선지식들을 낳았습니다.

　지금도 전국의 100여 개 선원과 수행처에서는 2,200명 이상의 수행자들이 자신의 본래면목을 찾기 위해 정진을 거듭하고 있습니다. 해마다 여름과 겨울이면 석 달씩 산문 밖 출입을 삼간 채 집중적으로 수행 정진하는 안거에 들어갑니다. 안거가 끝나면 공부의 경지를 구체적인 삶의 현장에서 점검하는 만행萬行을 떠나기도 하고 해제철에도 참선정진을 계속하는 선원을 찾아 산철결제에 참여하기도 합니다. 하루 10시간 안팎의 정진을 기본으로 하지만 선원이나 시기에 따라서는 정진시간을 더욱 늘리거나 아예 잠을 자지 않고 용맹정진으로 스스로를 채찍질합니다. 작은 방에 자신을 가두고 밖에서 문을 걸어 잠근 채 공부에

박차를 가하는 무문관無門關 수행자들도 적지 않습니다.

하지만 이들이 공부하는 현장은 '닫힌 공간'입니다. 참선 정진에 방해가 되지 않도록 신자나 일반인들의 참관이 허락되지 않는 곳입니다. '선방 문고리만 잡아도 삼악도는 면한다'는 말이 있을 정도로 선방을 보기란 쉽지 않습니다. 그래서 더욱 궁금한 곳이기도 하지요. 도시생활의 스트레스와 불안·초조·상실감 등으로 인해 선과 명상에 대한 관심이 커지면서 도심에도 시민선방을 비롯한 각종 수행공간이 늘고 있지만 스님들의 수행처인 전통 선원은 여전히 베일에 가려진 공간입니다.

그 '닫힌 공간'을 찾아 떠나는 것이 이 책입니다. 모든 것이 급속도로 변화하는데도 전통적인 수행방식과 삶의 모습을 간직하고 있는 전국 산사의 선원 25곳과 파리 도심에 있는 사자후선원 등 모두 26곳을 직접 방문해 선의 기운이 펄펄 살아 있는 구도 현장의 치열한 모습과 선사들의 가르침, 선원의 역사와 전통에 관한 이야기들을 담아 왔습니다. 해인사 통도사 송광사 수덕사 백양사 등 5대 총림의 선원을 비롯해 부처님 오신 날 이외에는 일반인은 물론 신자들의 발길도 허용하지 않는 문경 봉암사, 한암 스님의 수행가풍이 전해지는 상원사, 일제 강점기부터 선찰대본산으로 이름이 높았던 범어사, 성철 스님의 수행처였던 대승사 등 비구 선원과 '불성에는 남녀가 없다'며 정진에 정진을 거듭하는 수덕사 견성암과 석남사·대원사 등의 비구니 선원, 좁은 방에 자신을 가두고 폐문정진하는 백담사 무금선원과 서귀포 남국선원 등 가는 곳마다 말 그대로 '부처를 뽑는 자리選佛場'였습니다.

깊은 산에 묻힌 선방의 경치도 하나같이 아름답지만 치열한 수행정진의 현장에서 선사들이 들려주는 깨달음의 세계와 삶의 지혜는 때로는 서릿발처럼, 때로는 추위를 녹이는 봄바람처럼 도시의 일상에 찌든 정신을 일깨웁니다. 조계총림 송광사 방장 보성 스님은 "바보 같은 사람들이 자기한테 속은 줄도 모르고 남한테 속았다고 한다카이."라며 '자기 귀에 속고, 눈에 속고, 혀에 속으면서 사는' 중생들을 경책합니다. 또한 쌍계사 조실 고산 스님은 "욕심보따리를 앞에 두면 참선은 더디기만 하다. 세게 칠수록 공이 더 튀어 오르듯이 망상은 버리려 할수록 더 달려든다"면서 평상심으로 정진할 것을 당부합니다.

봉암사 태고선원장 정광 스님은 "본래의 청정심은 누구나 갖고 있는 것이며 내 모양은 내가 짓는 것"이라며 단 1주일이라도 직접 참선수행을 해보라고 권합니다. 남국선원장 혜국 스님은 세간에서 회자되는 얼짱과 몸짱 유행에 대해 "이런 사람들은 단지 자기의 껍데기를 사랑할 뿐"이라며 "정말로 나를 사랑하려면 자기 안에 있는 욕망과 시기·질투·번뇌·망상을 화두로 돌려 마음속에 잠들어 있는 부처를 깨우라"고 강조합니다.

본래 선의 세계는 말길이 끊어지고 마음길도 끊어진 자리여서 언어로 전하기에는 한계가 있을 수밖에 없습니다. 그럼에도 선사들이 토해내는 깨침의 언어들은 감각과 욕망에 끌려 다니던 우리 삶에 청량한 바람을 일으키며 다가옵니다. 그 바람 속에 자신을 던져놓고 삶의 의미를 되새겨보는 계기가 되었으면 좋겠습니다.

2006년 4월 초
개운사 대원암에서 서화동

차례

서문 _ 6

1부 빽빽이 들어선 나무와 같은 남자들의 수행처

어떻게 그 마음을 항복받을 것인가 _ 14
01 통도사 영축총림선원

자기를 바로 봅시다 _ 24
02 해인사 해인총림선원

자기한테 속아 살지 말라 _ 36
03 송광사 조계총림선원

나의 '일'은 무엇인가 _ 48
04 수덕사 덕숭총림선원

상사병 난 것처럼 절박하게 구하라 _ 60
05 백양사 고불총림선원

2부 활발발한 수행의 현장

불생불멸하는 나의 진성은 무엇인가 _ 74
01 봉암사 태고선원

부처가 무엇인지 온몸으로 물으라 _ 86
02 동화사 금당선원

목숨 바쳐 정진하라, 그러면 이루어진다 _ 98
03 범어사 금어선원

삶은 꿈, 그 실체를 보라 _ 108
04 상원사 청량선원

구도의 뜨거운 눈물로 무릎을 적셔라 _ 120
05 서귀포 남국선원

마음 하나는 다 놓았다 다 들어올려야지 _ 130
06 백담사 무금선원

삶의 자욱한 안개를 어떻게 헤쳐 나갈 것인가 _ 142
07 청암사 수도암선원

직접 맛보지 않으면 그 맛을 알 수 없다 _ 154
08 대승사 대승선원

3부 선맥이 살아있는 참구도량

어디에 있든 스스로 주인이 되라 _ 166
깨어 있는 그 자체를 행복하게 누리라 _ 177
01 쌍계사 금당선원 / 쌍계사 도현스님 토굴

네가 바로 부처니라 _ 182
02 칠불사 운상선원

너, 나 없는 경지에서 모두 한 몸임을 알라 _ 192
03 월명암 사성선원

4부 불성에 남녀가 있겠느냐

본디 남북이 없는데, 동서가 어디 있겠는가 _ 206
01 수덕사 견성암선원

너는 어디로 갈 것이냐? _ 216
02 은해사 백흥암선원

무심을 덮고 있는 그 한 겹마저 걷어내라 _ 228
03 석남사 정수선원

깨달음은 멀기만 한데 또 하루 해가 넘어가는구나 _ 238
04 위봉사 위봉선원

그 마음 하나가 부처님을 만드네 _ 248
05 대원사 동국제일선원

바로 오늘, 지금 이 순간 _ 260
06 불영사 천축선원

5부 꺼지지 않는 선의 등불

나는 내 마음을 얼마나 잘 쓰고 있을까 _ 274
01 화엄사 선등선원

중생과 부처의 갈림길이 내 마음에 있으니 _ 284
02 상원사 용문선원

어디서 와서 어디로 가는가 _ 294
03 파리 사자후선원

그 뜻을 허공과 같이 맑게 하라 _ 304
04 선암사 칠전선원

감사의 글 _ 317

1부
빽빽이 들어선 나무와 같은 남자들의 수행처

어떻게 그 마음을 항복받을 것인가
01 통 도 사 영 축 총 림 선 원

· · · · · · 불볕 더위가 기승을 부리는 7월 하순의 영축총림靈鷲叢林 통도사通度寺 보광普光선원. 석가모니불의 진신사리를 모신 적멸보궁(대웅전)을 지나 응진전 옆의 '능견난사문能見難思門'이라는 편액이

영축총림선원이 있는 보광전

걸린 일각문을 밀고 들어서자 오전 정진과 점심 공양을 마친 스님들은 휴식중이다. 혼자서 정진을 계속하거나 그늘에서 조용히 쉬거나, 개인 사물을 정리하거나, 가벼운 산책으로 오후 정진을 준비하는 납자들….

이들의 마음속에 떠나지 않는 하나의 물음이 있다. 깨달음을 얻기 위해 저마다 들고 있는 화두話頭. 선방에 앉아 참선할 때는 물론이요, 밥을 먹거나 대화를 하거나 잠을 잘 때에도 화두를 놓지 않으려고 갖은 애를 쓴다. 도대체 내 마음의 근본자리는 어디인가, 뜰 앞의 잣나무, 마른 똥 막대기, 여기 앉아 있는 이 '물건'은 무엇인고, 부모가 태어나기 전의 나는 어디서 왔는가, 왜 개에게는 불성이 없다고 했을까….

하지만 잡념과 망상은 끊임없이 수좌를 괴롭힌다. 한번 들어온 망상은 꼬리에 꼬리를 물고 화두일념을 깨버린다. 잠시라도 정신을 놓으면 엇나가기 일쑤다. 호시탐탐 기회를 노리는 침략자처럼 망상은 자신을 파고들어와 수행을 방해하고, 단단히 틀어쥐었다 싶던 화두와 의심덩어리는 미꾸라지처럼 빠져나가 종적을 감춘다. 그러니 하루에도 수백 번, 수천 번 화두를 챙겨 들어야 하는 것이 수좌의 생활이다.

이곳 선원장 천진(天眞·59) 스님은 그래서 참선공부하면서 가장 힘든 것이 무엇이냐는 물음에 "공부가 안 되는 것"이라고 답한다. 수마睡魔라고까지 하는 잠과 온갖 육체적 고통은 이에 비하면 아무것도 아니라는 얘기다. 내 앞을 가로막고 있는 은산철벽銀山鐵壁을 뚫고 천하를 호령하겠노라는 기백과 각오로 정진에 정진을 거듭하지만 '한 물건'은 쉽사리 정체를 드러내지 않는다. 하루 10시간의 정진도 모자라 가행정진에 용맹정진까지 거듭하지만 공부는 왜 이다지 더디기만 한 것인가. 도대체 조사들이 세워놓은 관문을 뚫는 날은 언제란 말인가. 이런 답답함, 초조함마저도 수행에는 방해가 되니 도대체 이 노릇을 어찌하면 좋단 말인가. '도는 사람을 멀리하지 않건만道不遠人 사람이 스스로 도를 멀리한다人自遠矣'고 했으니….

그 산은 멀리 있지 않다, 내 안에 있다·····

천진 스님은 1968년 통도사 강원을 졸업한 이후 전국의 선방에서만 수행해온 '골수' 수좌다. 선원이라면 가보지 않은 곳이 없다고 한다. "밤낮을 가리지 않고 성성히, 여일如一하게, 시뻘겋게 단 쇳덩어리를 삼킨 것처럼, 아무리 토하고 뱉어도 나오지 않는 의문의 불덩이로 그릇된 문자공부를 말끔히 떨쳐 내리라"는 다짐으로 공부해 왔다고 한다. 작은 키에 약간 어눌한 듯한 말투지만 눈빛만은 형형하게 살아 있다.
"참선은 과학이나 인간의 머리로는 풀 수 없는 숙제를 풀기 위한 노력입니다. 그 방법이 화두를 참구하는 것이고요. 산에 올라가는 과정을 거쳐야 꼭대기에서 오르는 맛을 아는 것과 마찬가지로 안거安居하면서 참선하는 과정을 거쳐야 깨달음이라는 산꼭대기에 오를 수 있어요."
산에 오르지 않은 자가 산을 이야기할 수 없듯이, 참선과 그 결과에 대해 말하려면 자기 힘으로 '숙제'를 풀어야 한다. 지금 이 순간, 전국 곳곳에서 참선하고 있는 납자들은 모두 '깨달음의 산'에 직접 오르려는 사람들이다. 그 산에 오르면 모두가 부처요, 오르지 못한다면 끝없는 윤회의 틀에서 벗어나지 못하는 중생일 뿐이다. 그런데 그 산은 멀리 있지 않다. 바로 내 안에 있다.

계를 지키고 하루를 살지언정····

이곳 보광선원에도 오로지 그 한 목표를 위해 모인 납자들의 정진 열기가 염천의 더위마저 무색케 한다. 통도사가 어떤 곳인가. 자장(慈藏·590~658) 율사가 당나라에서 공부하고 돌아와 신라 선덕왕 15년(646년)에 창건한 통도사佛寶는 해인사法寶, 송광사僧寶와 함께 삼보三寶 사찰의 하나다. 자장 율사가 중국 오대산에서 문수보살의 현신을 만나 석가모니불의 정골사리와 치아사리를 받아와 모셔놓은 불보종찰佛寶宗刹이요, 스님이 되

보광선원 앞에 선 선원장 천진 스님

통도사 보광선원 능견난사문

극락암 호국선원

려는 사람들이 한데 모여 계를 받는 계율 근본도량이다. 자장 율사는 벼슬을 받지 않으면 목을 베겠다는 왕의 협박에 "계를 지키고 하루를 살지언정, 파계하고 백 년 살기를 원하지 않는다"고 했다. 그뿐이랴. 방안을 가시로 둘러 움직일 때마다 가시가 몸을 찌르게 하는 고행도 마다 않았던 수행자였다. 이런 통도사이니 '불지종가佛之宗家 국지대찰國之大刹'이라는 일주문의 주련에 고개를 끄덕일 수밖에….

　보광선원에선 새벽 3시 예불을 시작으로 하루에 10시간 이상 정진하는 게 기본이다. 이번 하안거夏安居에 방부(입방 신청서)를 들인 27명의 수좌 가운데 7~8명은 일절 잠을 자지 않은 채 철야정진을 거듭하고 있다. 통도사에는 이렇게 정진하는 선원이 총림선원인 보광선원 외에도 두 곳이 더 있다. 경봉 스님이 평생 주석했던 극락암 호국선원과 서운암 무위선원이다. 그래서 영축총림의 정진 대중은 75명에 이른다. 천진 스님은 "총림은 선원과 강원, 율원을 갖춘 종합 수도원인데, 통도

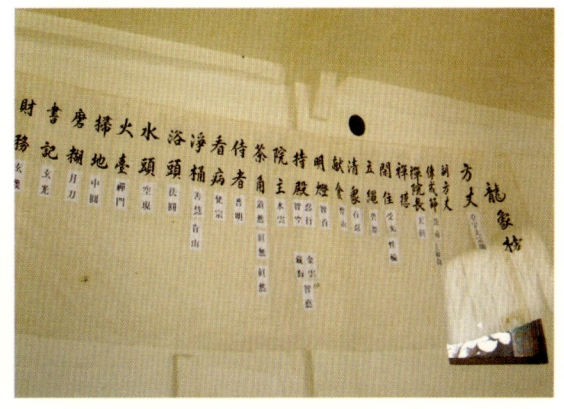
안거납자들의 소임과 명관을 적은 용상방

사는 1984년 총림을 설치하기 이전부터 선원의 전통이 유구하게 이어져왔다"고 설명한다.

통도사에 선원이 개설된 것은 1899년 여름 무렵이다. 통도사에서 가장 멀리 떨어진 영축산 8부 능선의 산내 암자인 백운암에 백운선원이 문을 열었던 것. 백운암은 1901년 7월 만공 스님이 정진하다 새벽 종소리를 듣고 홀연히 깨친 곳이다. 한편 1900년에는 경허 스님이 직접 통도사로 와서 선풍을 떨쳤고 이 무렵 통도사 보광전에 현재와 같은 선원이 개설됐을 것으로 스님들은 추정한다.

여기서 성해(聖海 · 1854~1927) 스님의 두 제자인 구하(九河 · 1872~1965) 경봉(鏡峰 · 1892~1982) 스님이 정진하면서 통도사는 선의 중흥기를 맞이한다. 1905년 내원암에 선원이 개설된 것을 비롯해 안양암, 극락암, 백련암에 잇달아 선원의 문이 열렸다. 내원암 선원에서는 한암(寒巖 · 1876~1951) 스님이 초대 조실로 초빙돼 5년간 납자들을 지도했고, 1933년에는 천진도인 혜월(慧月 · 1861~1937) 스님이 조실로서 선풍을 드날렸다. 1928년 극락암에 호국선원을 개설한 경봉 스님은 활달하고 거침없는 삶으로 선의 경지를 여지없이 들어 보였다. 1942년 큰절 보광선원에서는 무려 120명이 정진했다고 한다.

능히 보기는 해도 그 이치는 생각하기 어렵다··

　선의 전통과 유산이 이렇게 강건하니 선방의 공부 분위기도 남다를 수밖에 없다. 납자들은 "옛 조사들이 시공을 초월해 바로 내 앞에 있다. 그게 바로 선의 생명력"이라고 말한다. 이런 각오로 선방에 앉으니 촌보寸步의 망설임도, 물러섬도 있을 수 없다. 섭씨 30도를 웃도는 폭염이 계속되면서 가만히 앉아 있어도 앞뒤로 땀이 줄줄 흐르자 몇몇 스님들이 "오후에는 자율정진을 하면 어떻겠느냐"는 이야기를 꺼냈다가 선원장 스님한테 혼만 났다고 통도사 교무국장 문성 스님이 귀띔해준다.
　"일체중생이 본래 성불해 있으며 스승이 준 화두로 공부하면 반드시 일대사一大事를 깨칠 수 있다는 큰 믿음, 화두를 철두철미하게 의심하는 큰 의심, 본래 부처인 자신의 진면목을 보지 못한 채 중생 노릇에서 벗어나지 못하고 있는 데 대한 큰 분심憤心으로 화두 타파에 나서야 합니다. 망상을 피우면서 세월만 보내면 해제 때 부끄럽지요."
　천진 스님은 경봉 스님에게 '무無자' 화두를 탔다고 했다. "삼라만상 모든 것에 다 불성이 있다고 했는데 왜 조주 선사는 개에게만 불성이 없다고 했는가. 조주 스님의 그 뜻을 관하라"는 게 경봉선사가 던진 화두였다. "문제를 다 푸셨느냐"고 선사에 묻자 이런 대답이 돌아온다.
　"적지 않은 사람들이 도인이니 전생을 안다느니 하지만 도를 깨쳤는지는 부처님도 당신 입으로 말한 바 없어요. 낭중지추囊中之錐라, 도를 깨쳤다면 스스로 말하지 않아도 드러나게 돼 있거든요. 공부를 하다 보면 몇 백 리 밖의 일도 보이고 들리며 천지가 다 내 것 같은 경계가 오는데 그것은 넘고 또 넘어야 할 단계일 뿐 아무것도 아닙니다."

납자들의 오후 정진을 기다리는 보광선원 내부
이 좌복이 닳기 전에 내 마음을 항복받을 수 있을까.

이런 단계가 오면 조실 스님과 같은 어른에게 물어서 점검을 받아야 한다고 선사는 지적한다. 그렇지 않으면 자칫 도인 행세를 하며 외도外道로 빠지기 일쑤라는 것. "괴각(乖角·괴짜스님)은 고쳐가며 같이 살 수 있어도 마음이 병든 외도와는 살 수 없다"고 선사는 설명한다.

"분명히 '산은 산, 물은 물'이 되는 깨달음의 최고 단계는 있습니다. 다만 거기에 올라가지 못해서 보지 못했을 뿐이지요. 경봉 성철 구산 서옹 스님 등은 자기 본성을 다 깨달았기 때문에 선과 생활이 합일하는 경지를 보여주셨지 않습니까. 노력한 만큼 받아가는 게 참선 공부입니다."

그래서 천진 스님은 정진, 또 정진을 당부한다. 스님이 아닌 사람들도 일상생활에서 참선을 해보라고 권한다.

"새벽에 일찍 일어나 30분만이라도 경전을 읽거나 참선해보세요. 머리가 맑아지고 판단도 빨라질 겁니다. 세상 사람들은 선이 좋은 줄은 알면서도 직접 노력은 하지 않고 입으로, 머리로만 알려고 하고, 또 남

통도사 서운암의 장독대

이 해주기를 바라니 얻는 게 없지요. 종교란 억지로 하는 게 아니라 스스로 체험하는 겁니다. 아침·저녁으로 가족 모두가 참선하고 108배를 하면 다이어트와 웰빙, 가족 건강, 업장소멸이 한꺼번에 다 됩니다."

선사는 "참선이 어렵다면 금강경을 읽어도 좋다"면서 '구경무아분究竟無我分'의 '云何應住(운하응주) 云何降伏其心(운하항복기심)'이라는 구절을 잘 생각해보라고 권한다. "위 없는 깨달음을 얻기 위해 마땅히 어떻게 머물러야 하며 어떻게 그 마음을 항복받아야 할 것인가"라는 뜻이다.

선사의 말씀에 귀기울이다 보니 어느덧 입선入禪 시간이 임박했다. 선방인 보광전에는 수좌 숫자만큼의 밤색 좌복(방석)이 두 줄로 가지런히 놓인 채 주인을 기다리고 있다. 선원 입구의 일각문을 나서는데 들어올 때 무심코 지나쳤던 편액能見難思門의 뜻이 의미심장하게 다가온다. 능히 보기는 해도 그 이치는 생각하기 어렵다…. 능히 보고 듣고 느끼고 맛보면서도 존재의 실상을 제대로 터득하지 못하는 데 대한 다그침이 아닐까. 그 이치를 깨치기 위한 입선의 죽비소리가 정적을 깬다. 어떻게 그 마음을 항복받을 것인가.

자기를 바로 봅시다

02 해 인 사   해 인 총 림 선 원

공양간이 있는 정수당正修堂 맞은편 언덕 위에 올연히 선 선원은 겉모습부터 보는 이를 압도한다. 자연석으로 3미터 이상의 축대 겸 돌담을 쌓아올린 선원은 언뜻 보기에 성곽처럼 견고하다. "묵언정진을 하는 선원이므로 외인출입을 금한다"는 선원장 명의의 안내판 뒤로 가파른 스물네 개의 계단이 있고, 그 끝에 선 3칸짜리 문은 고개를 한참 치켜들어야 제대로 보일 만큼 우뚝 솟았다. 가야산 해인사의 해인총림선원이다.

그 문 안으로 선원이 보인다. 눈에 들어오는 것은 커다란 기와 건물 두 채다. '少林院(소림원)'이라는 편액을 단 눈앞의 한 채는 정면 13칸·측면 2칸이고, 그 위쪽에 새로 지은 건물은 정면 7칸·측면 3칸으로 둘 다 선방과 요사채로는 국내 최대 규모를 자랑한다. 소림원은 1983년부터 선원의 중심 공간, 즉 선방으로 사용하던 곳으로 원래 국보 제43호인 팔만대장경을 보관할 새로운 판전으로 옛 극락전 터에 세웠으나 해인사의 중심인 판전을 주변으로 옮기는 것은 옳지 않다고 해

해인총림선원 입구

서 비워 두었다가 선방으로 쓰였다. 어찌나 긴지 카메라에 다 담을 수 없을 정도다. 소림원은 현재 개인 정진실로 사용되는 '하下선원'이고 그 위쪽의 웅장한 새 건물이 선방인 '상上선원'이다. 2003년 11월에 낙성한 상선원은 아직 나무가 덜 말라서 단청도 하지 않았고 편액도 없다.

하선원 계단 아래에는 마당 대신 족구장이 2면이나 있어 이채롭다. 원래 해인사는 스님들의 기운이 드세기로 유명하다. 가야산 자체가 '불 화火' 모양이라 산세가 험하고 화기가 펄펄 끓기 때문이라고 한다. 이런 불기운 탓에 해인사와 가야산은 숱한 화마에 시달려 왔고, 불을 끄려면 체력이 필요해 영암 스님이 주지를 하던 1970년대부터 해인사 스님들은 축구를 즐겨왔다. 선원 마당에 족구장을 갖춘 것도 이런 까닭이다.

여기禪에 뜻을 둔 사람은··

선원은 고요하다. 마침 음력으로 11월 열나흘이라 선방이 텅 비었다. 삭발·목욕을 하는 날이라 납자들은 아침 공양 직후에 일찌감치 삭발을 한 뒤 단체로 목욕을 하러 가고 없다. 평소 외부인의 출입을 철저히 통제해온 선원에 그나마 발을 들여놓을 수 있게 된 것도 선객들이 자리를 비웠기 때문이다.

선원을 한 바퀴 둘러본 뒤 선방 내부를 좀 보여 달라고 하자 안내를 맡은 소임자가 "절대 안 된다"고 단언한다. 선원 마당까지 들어온 것도 이례적인 일인데 방안까지 보려는 것은 과욕이라고 했다. 그래도 그냥 물러나기는 아쉬워 다시 간청을 해보지만 돌아오는 답은 똑같다. 과연 해인사 선원이다.

신라 애장왕 3년(802년) 화엄십

일각문 너머로 보이는 소림원

찰華嚴十刹의 하나로 창건된 해인사에 선원이 생긴 것은 1899년 봄 경허 스님이 조실로 추대되면서다. 왕명으로 해인사의 불경을 찍는 인경印經불사의 책임자로 해인사에 온 경허 스님은 퇴설당에 '퇴설堆雪선원'을 열어 대중들과 함께 수행하며 공부를 점검했다. 그 뒤 용성 경봉 동산 효봉 고암 구산 청담 성철 자운 혜암 일타 스님 등 수많은 선지식들이 해인사 선방에서 공부했다. 조선시대에는 청허휴정-편양언기-풍담세찰-월담설제-환성지안으로 이어지는 법맥을 계승한 호암체정虎巖體淨 스님과 제자인 설파상언雪坡尙彦, 연담유일蓮潭有一 스님이 화엄과 선의 종지를 다졌고, 근·현대에는 이렇듯 많은 고승들을 길러냈으니 가히 선지식의 산실이라 할 만하다. 해인사는 근래에 와서도 성철 스님에 이어 혜암, 법전 스님 등 조계종 종정을 잇달아 배출했다.

무엇이 이를 가능하게 했을까. 가야산의 산세만큼이나 활달하고 거침없는 해인사의 기상과 엄격한 수행풍토다. 1946년 해인사가 불교중흥을 위해 가야총림 시대를 열었을 때 조실로 위촉된 효봉 스님은 '해인사 가야총림 방함록서序'에서 이렇게 주창했다.

"여기禪에 뜻을 둔 사람은 사자의 힘줄과 코끼리의 힘으로 판단하여 지체 없이 한 칼로 두 동강을 내야 한다. 천지를 덮는 기염을 방출하고 부처와 조사를 뛰어넘는 위광威光을 발휘해야 할

하선원인 소림원 편액

성철 스님이 주석했던 해인사 백련암.
가파른 계단만큼이나 선의 기상이 올연하다.

것이다. 만약 그렇지 못하고 여울에 거슬러 오르는 고달픈 물고기나 갈대에 깃든 약한 새나 참죽나무에 매인 여윈 말이나 말뚝을 지키는 눈먼 나귀 따위가 된다면 그것을 어디에 쓸 것인가."

실로 산이라도 쪼갤 기상과 포부다. 한국전쟁으로 인해 스님들이 흩어지면서 총림은 와해됐지만 전후에도 퇴설당과 조사전(옛 수선사), 관음전에서 100여 명의 선객들이 주린 배를 부여안고도 정진에 정진을 거듭했다고 한다. 1967년 다시 해인사에 총림이 설치되고 성철 스님이 초대방장을 맡으면서 이런 기상은 더욱 욱일승천旭日昇天했다. '가야산 호랑이'로 유명했던 성철 스님은 납자들의 등짝이며 어깨를 후려치는 장군죽비가 숱하게 부러져 나갈 만큼 공부에 관한 한 경책에 인정사정없었다고 한다. 수행자들이 조금이라도 한눈을 팔면 "이 도둑놈아, 밥값 내놔라" 하고 호통을 쳤다. "잠을 적게 잔다. 간식을 탐하지 않는다. 경전을 보지 않는다. 말을 많이 하지 않는다. 자리를 이탈하지 않는다"는 성철 스님의 '수좌 5계'는 지금도 해인사 선방의 큰 지침이다.

"근대불교의 참선법을 다시 일으킨 분이 경허 스님이라면 해인사에 총림 체제를 갖추고 공부 체계를 확립한 분은 성철 스님이지요. 성철 스님은 자신의 일과에 철저했고 뜻을 세운 바는 절대 변함이 없어서 누가 흠잡고 시비할 계제를 넘어선 분이었습니다. 그게 그분의 수행이요 가풍이었지요. 또한 선의 근본적 종지를 선양해서 바른 참선법과 견성성불見性成佛이 어떤 것인지 근본논리와 이론을 정립한 분이기도 하지요."

성철 스님의 상좌로, 해인총림선원을 이끌고 있는 수좌 원융(圓融·69) 스님의 설명이다. 수좌首座란 수행자를 통칭하는 뜻도 있지만 총림 선원에서 방장을 대신해 선을 지도할 수 있는 소임자를 뜻하는 말이다.

성철스님 사리탑

원융 스님은 1938년 전남 고흥에서 태어나 성균관대 영문과를 졸업하고 직장에 다니다 35세 때인 1972년 해인사에서 성철 스님을 은사로 출가했다. 지금까지 30년 넘게 해인사 선방에서 참선 수행하며 장좌불와長坐不臥만 12년 이상 했고 2004년까지 7년간 조계종 기본선원의 교선사를 맡았다.

"성철 스님은 주로 백련암에 주석하시면서 해인사 선풍의 기틀을 다잡았지요. 하안거나 동안거가 되면 백련암에서 선원까지 걸어서 하루 한 번씩 불시 점검을 나오셨어요. 그땐 현재 선원구역인 소림원少林院이 개원하기 전이라 조사전, 퇴설당, 선열당을 상·중·하 선원으로 썼는데 선열당에서는 하루 10시간 일반정진과 14시간 가행정진을 했고, 퇴설당에서는 14시간 가행정진, 조사전에서는 24시간 용맹정진과 가행정진을 번갈아 했어요."

당시 성철 스님은 하선원인 선열당에 먼저 들러 납자들이 졸고 있으면 "야, 이놈들아. 해인사 밥이 썩은 밥인 줄 아나!"라며 가야산이 쩡쩡 울리게 호통을 쳤다고 한다. 그뿐이랴. 죽비로 등짝을 후려치는 소리, 다기상을 뒤집어엎는 소리가 나면 퇴설당과 조사전에서 수행하던 스님들은 정신이 번쩍 들었고, 자세를 가다듬지 않을 수 없었다는 얘기다. 해인총림선원은 1983년 소림원으로 옮긴 후에도 가행정진의 가풍을 잇고 있다.

참회란 무량겁토록 하는 것 · · · ·

"음력 12월 1일부터 8일까지는 잠을 자지 않고 용맹정진을 합니다. 이때에는 선방 납자들뿐만 아니라 강원, 율원, 산내 암자의 대중들까지 모두 참여하지요. 매 시간마다 50분 정진한 뒤 10분씩 포행(布行·다리를 풀기 위한 산책)을 하는데, 포행 후 입선入禪 시간에 5분 이상 늦으면 나머지 시간은 일어선 채로 정진해야 합니다. 또 30분 이상 지각하면 좌복을 치우고 즉시 퇴방시킵니다."

원융 스님은 용맹정진을 하는 이유에 대해 "한 철에 쌓은 공력을 한 번에 밀어붙여 본분 도리를 깨우치는 공부를 마치고자 하는 원력 때문"이라고 한다. 설령 깨치지는 못하더라도 용맹정진을 하고 나면 적잖은 보람이 있어서 더 하자고 조르는 수좌들도 많다고 스님은 덧붙인다. 화두참구는 언제 포수에게 잡혀 죽을지 모르는 올가미 속 짐승처럼 죽기 살기로 매달려 해야 한다는 얘기다. 해인총림선원의 또 다른 특징은 새벽 참선을 끝내고 매일 108배를 하며 참회한다는 것.

소림원, 정말 길다.

해인총림 상선원

심산유곡에서 도를 닦는 스님들에게 참회할 게 뭐 그리 많겠느냐고 물었더니 스님은 이렇게 대답한다.

"참회란 무량겁토록 계속하는 것입니다. 나뿐만 아니라 일체중생이 모두 불법을 깨달아 참된 삶을 살도록 참회하고 기원하는 것이지요. 참회와 기원은 나를 위한 것보다 남을 위해 하는 것이 중요해요. 그래서 나와 남이 함께 이롭도록 일체중생의 행복과 성불을 발원하지요."

총림 대중 전체가 보름마다 포살법회를 열어 각자의 잘못을 되짚고 참회하는 것도 해인총림의 오랜 가풍이다. 특히 그믐날의 포살법회 때에는 한 시간에 걸쳐 율주가 독송하는 '범망경'을 들으며 마음으로부터 자비심을 일으키고 죄의 씨앗을 버려 수행에 매진할 것을 다짐한다.

"곧바로 사람의 마음을 가리켜 성품을 보고 부처를 이룬다는 '직지인심 견성성불直指人心 見性成佛'은 참선법을 가장 간명하게 설명하는 말입니다. 돌아서 가는 게 아니라 곧바로 부처의 자리로 가는 지름길을 보여주는 것이지요. 선에는 위파사나, 염불선 등 여러 가지가 있지만 가장 수승한 건 역시 간화선입니다. 그것은 간화선이 죽은 문자가 아니라 화두를 간看하는 활구참선이기 때문입니다. 선가에서는 아무리 훌륭한 교리도 모두 사구(死句·죽은 말)로 봅니다. 말과 생각이 끊어져 붙잡을 그 무엇도 없는 곳에 생명이 있고, 그게 바로 활구참선인 겁니다."

원용 스님은 성철 스님처럼 돈오돈수頓悟頓修를 주창한다. 견성한 이후에도 점차 더 닦아야 한다는 돈오점수론은 경전을 중심으로 하는 교가教家의 종취宗趣이며 선종의 가풍과 이념은 돈오견성법이라고 설명한다. 돈오돈수와 돈오점수는 일치시킬 수도 없으며 보조지눌 스님도 둘을 일치시키려다 성공하지 못했다고 원용 스님은 말한다. 성철 스님이 '선문정로'에서 자세히 밝혔듯이 자성을 사무쳐 깨친 것이 견성성불이며 이는 열반증득涅槃證得, 무상정등정각無上正等正覺과 같은 것인데 교가의 논리로는 이를 설명할 수 없다는 얘기다.

공부란 그 자체로 좋은 것

이번 동안거에 방부를 들인 스님은 40명. 실면적만 70평을 넘는 국내 최대의 선방치고는 적은 인원이다. 그러나 원용 스님은 "안거 때마

다 너도 나도 방부를 들이대니 올 사람은 넘쳐 나지만 너무 많은 사람들이 한 방에 있으면 공부 분위기가 깨진다"며 "20년 이상의 체험에 의해 정해진 적정 숫자"라고 설명했다.

"젊은 납자들 가운데 좋은 사람이 많아요. 좋은 세상 다 뿌리치고 심산유곡에 들어오는 게 쉽지 않습니다. 공부를 해 마치고 못 마치고는 다음 일이고 공부 그 자체로 좋은 일입니다. 깨치는 것도 시절인연이 도래해야 하는 것이니 오로지 열심히 할 뿐이죠. 하지만 '내 말 한 번 들어보시오' 하며 나서는 공부인이 드물어 좀 아쉬워요."

오후 5시, 저녁 공양시간이 되자 목욕을 갔던 스님들이 하나둘 선방으로 모여든다. 새벽 2시부터 밤 10시까지 오로지 본분 도리를 묵연히 참구參究하는 사람들. 잡철을 털어내고 본래 '순금'인 자기를 찾아 나선 이들에게 '산은 산, 물은 물'일까.

자기한테 속아 살지 말라
03 송 광 사   조 계 총 림 선 원

· · · · · · · **결국** 선방을 보지는 못했다. 선방 스님들이 거부한 탓이다. 조계종 총무원이 주선하여 하안거 해제일의 풍경을 취재하러 갔는데도 스님들은 속세 사람들의 출입을 허락하지 않았다. 대웅전에서 해제법회가 끝나고 백운(白雲·선방에서 한 철 살다가 떠나는 납자들이 앉는 왼쪽 자리)에 앉았던 스님들이 운수행각을 떠난 뒤에도 청산(靑山·선원에 상주하는 스님들이 앉는 선방의 오른쪽 자리) 스님들은 선방을 보여주지 않았다.

'그래도 기다리면 허락해주겠지…. 자비 문중에서 설마 멀리서 온 사람을 끝내 박절하게 뿌리치기야 하겠어….'

기자 특유의 '뻗치기'(무작정 기다리기)로 버텨봤지만 역시 돌아온 대답은 '노(No)'였다.

'거 참, 산하대지山河大地가 다 구도처요 천지만물이 다 공空한 것이라 했거늘 선방이 뭐라고 이렇게 문턱이 높단 말인가…'

'무릇 모양 있는 모든 것은 허망한 것凡所有相 皆是虛妄이라고 금강

조계총림선원의 정문격인 진여문

경에도 나와 있건만 스님들은 왜 선방이라는 상相에 집착하는가. 속인이 들어갔다 나오면 그곳이 더러워지기라도 한단 말인가, 수행이 안 된다는 말인가…'

오래 기다린 만큼 섭섭함이 도를 지나쳐 은근히 부아가 치민다. 이번이 두 번째다. 작년 여름에 이곳 선원을 보러 왔을 때에도 참 완강히 거부했었다. 이번에는 조계종 총무원이 마련한 공식적인 기회인데도 또 '선방 문고리 잡기'에 실패하고 말았다. 하지만 어쩔 것인가. 여기 사는 사람들이 수도원은 불가침의 성역이라서 공개할 수 없다는 것을….

깨달음의 큰일을 이루기 전에는 · · · ·

전남 순천시 송광면 신평리 조계산曹溪山 송광사松廣寺. 해발 887미터의 조계산 동쪽 줄기를 병풍 삼아 남북으로 길게 뻗어 있는 이곳은 한국 선맥의 산실이다. 대한불교조계종의 5대 총림 가운데 하나인 조계총림이 있는 곳이요, 보조국사 지눌(知訥·1158~1210)을 비롯한 16국사國師를 배출한 수선修禪의 근본도량이자 삼보사찰의 하나인 승보종찰僧寶宗刹이다.

신라 말 혜린 선사가 터를 잡고 길상사吉祥寺라는 이름으로 창건한 송광사는 1182년 보조국사가 타락한 불교를 바로잡기 위해 정혜사定慧社를 결성하고 그 결사도량을 이곳으로 옮겨오면서 역사의 전면에 부각되기 시작한다. 고려 희종은 80여 칸의 당우를 갖춘 이 절을 수선사修禪社라 명명했고 수차례의 소실과 중창을 거듭하며 대도량의 면모를 유지해왔다. 1990년대의 9차 중창불사 결과 현재의 당우는 80여 동. 16국사의 진영을 모신 국사전(국보 제56호)을 비롯해 국내에서 가장 오래된 요사채인 하사당(보물 제263호), 약사전(보물 제302호), 영산전(보

선원이 있는 수선사 정면에 발을 쳐놓아 안을 볼 수 없다.

물 제303호) 등 보배로운 건물들이 즐비하다.

　선의 근본도량인 만큼 조계총림의 중심은 단연 선원에 있다. 역사적으로 보더라도 16국사를 배출한 산실일 뿐만 아니라 한국 선불교의 중흥조 경허 스님이 선등禪燈을 다시 치켜든 곳이기도 하다. 경허 스님은 1900년 1월 송광사에 불상 점안식 증사로 초청받아 왔다가 삼일암에 머물면서 삼일선원을 열었다. 이에 앞서 용성 스님은 삼일암에서 하안거 중 '전등록'을 읽고 홀연히 깨달았다.

　일제 강점기에는 1937년 효봉 스님이 송광사에 와서 10년 동안 조실로 머물면서 많은 선승을 길러냈다. 효봉 스님은 '지눌 스님을 배운다'는 뜻에서 법호를 '학눌學訥'이라고 할 정도로 보조 선사의 가풍 계승에 힘썼다. 1941년에는 송광사 부도전에서 무차선원無遮禪院을 열어 참선 정진을 독려했고, 1946년 삼일선원에서는 "깨달음의 큰일을 이루기 전에는 하산하지 않겠다若未發明大事 誓不下山"는 발원을 하고 '3년 정혜결사'를 시작했다. 동구불출(洞口不出·절 밖에 나가지 않음), 오후불식午後不食, 장좌불와長坐不臥, 묵언默言의 4가지 규약을 정해 용맹정진했던 것. 1969년 5월 조계총림의 출범과 총림선원의 개원은 이런 수행가풍이 축적된 결과였다.

　조계총림의 초대 방장 구산九山 스님은 총림의 후원단체로 불일회佛日會를 조직해 한국전쟁 때 불탔던 조사전, 청운당, 백설당 자리에 선원인 수선사를 1970년에 신축했다. 보조국사의 거실이 있던 자리에 선맥을 이어갈 눈 밝은 이를 길러낼 선불장選佛場을 세운 것이다. 뿐만 아니라 구산 스님은 1973년 하안거부터 한국 최초의 국제선원인 불일국제선원을 열었다. 이곳에서 하루 10시간씩 정진하며 논농사, 밭농사 등 울력(運力·노동)도 함께 했던 벽안의 납자들이 300명을 넘는다.

이런 조계총림의 선원은 대웅보전의 뒤편 언덕 위에 자리 잡고 있다. 선방인 수선사와 설법전을 중심으로 상사당上舍堂, 하사당下舍堂, 응진전과, 16국사의 진영을 모신 국사전이 좌우에서 옹립하는 모양이다. 대웅전 위편에 선방이 있는 것은 송광사만의 특징이다. 대웅보전 바로 뒤편 위쪽의 가파른 계단 끝에 '진여문眞如門'이 있지만 출입은 할 수 없고, 담쟁이넝쿨이 무성한 담 너머로 설법전의 편액만 겨우 고개를 내민다. 설법전 오른편의 수선사는 담장 뒤편의 나무에 가려 편액도 보이지 않을 만큼 차단돼 있다.

청규와 지계 정신이 살아 있는 선원 가풍

"송광사는 아직 전통 승가의 선풍이 가장 많이 남아 있는 곳입니다. 저도 전국의 여러 선원을 다녀봤지만 선원 가풍이 여법하게 남아 있는 곳이 많지 않습니다. 다른 선원에선 라면이라도 먹지만 송광사에선 절대 불가예요. 100퍼센트 야채라면은 어쩌다 먹을 수 있지만요…. 80명이 공부하는 강원에서도 라면은 못 먹게 해요. 포행을 가더라도 일주문을 벗어나면 바로 퇴방조치됩니다. 결제할 때 승용차로 오면 안 되고 반드시 대중교통을 이용해야 합니다. 식사는 늘 발우공양이어서 스님들이 너무나 좋아해 '승소僧笑'라고 부르는 국수를 먹을 때에도 발우공양할 정도니까요."

여름 안거를 마치고 징검다리를 건너 산문 밖으로 향하는 스님들

송광사 교무국장 자허 스님의 설명이다. 정면 6칸·측면 4칸에 43평 규모인 수선사의 수용인원은 40명. 2005년 여름 조계총림선원에선 35명이 안거에 들었다고 자허 스님이 전해준다. 대웅전 뒤 수선사에서는 20명이 하루 10시간씩 정진했고, 국제선원이 있는 문수전에서는 15명이 하루 12시간씩 가행정진을 했다고 한다. 문수전에는 초심자들이 주로 참여해 새벽 2시에 일어나고 밤 10시에 잠자리에 들기까지 밤낮없이 정진을 거듭했다는 전언이다.

"방장 스님은 청규를 강조하십니다. 율원에서도 정규 과목 외에 백장청규(百丈淸規·중국 백장 선사가 확립한 선방 규칙)를 강의하도록 했고, 올해 동안거에는 율원, 선원, 강원, 외호대중까지 모두 백장청규를 공부하도록 강의할 예정입니다. 이곳 율원장 지현 스님도 '계율이 살아야 불교가 산다'고 강조하고 계시지요."

조계총림의 선풍이 활발발한 것은 이처럼 청규와 지계持戒 정신이 살아 있기 때문이 아닐까. 조계종이 펴낸 '선원총람'에 따르면 수선사에는 문수사리나 달마대사를 모시는 대신 크고 둥근 거울이 하나 놓여 있다고 한다. 대원경지大圓鏡智의 지혜를 상징하는 것으로 선정을 닦아 마음의 거울을 밝게 비추라는 뜻이다. 그래서 마침내 본래 닦을 것도 없는 거울 그 자체와 같은 본 마음을 찾으라는 얘기다.

이를 위해 선원 대중들은 새벽 2시에 일어나 정진을 시작하는데, 일단 정진에 들어가면 바깥 출입은 절대 허용되지 않는다. 다른 선원에선 관례가 된 반철(결제기간의 반이 지난 것) 때의 산행도 이곳에서는 하지 않는다. 보름마다 대중들의 살림을 점검하는 포살법회를 열고 방장 스님의 상당법문을 듣는다고 한다. 행자로부터 방장에 이르기까지 철저

한 차별이 있으면서도 대중 모두가 평등한 것이 송광사의 선풍이라는 설명이다.

땅에서 넘어진 자 땅을 짚고 일어서라 ····

조계총림의 방장인 보성(菩成·78) 스님을 만나러 옛 삼일암의 상사당으로 향한다. 관음전과 응향각 사이, 일반인의 출입이 금지된 불이문不二門을 들어서자 곧 선원구역이다. 겨우 문 하나 사이인데도 불교 신자나 관람객들로 북적이는 바깥과는 전혀 다른 분위기다. 불이문에서 하사당 뒤쪽의 좁은 통로를 따라 들어가 왼편 위의 상사당 앞에 서자 '上舍堂'이라는 당호 좌우에 '세계일화世界一花' '조종육엽祖宗六葉'이라는 글씨가 걸려 있다. 세계는 한 송이 꽃이요, 부처님이 편 근본 진리가 보리달마로부터 육조 혜능까지 이어졌다는 뜻이다.

"바보 같은 사람들이 자기한테 속은 줄도 모르고 남한테 속았다고 한다카이."

처소인 상사당의 미소실微笑室에 들어가 인사를 올리자 보성 방장은 이렇게 일갈한다. 선방을 보여주지 않는다고 투덜대고 원망한 터라 속이 뜨끔하다. 선방은 원래대로 그냥 있는데 나 혼자서 기대하고, 기다리고, 원망하고, 미워한 것 아니던가.

"자기 귀에 속고, 눈에 속고, 혀에 속으면서 사는 인생들이야. 정치인, 기업인들도 결국에는 속아서 살았다고 원망하는데, 남한테 속은 게

조계총림 방장 보성 스님

아니라 이해관계를 놓고 자기한테 속은 거야. 그러니 자기가 선 자리에서 내가 뭘 할 것인가를 잘 봐야 해. 자기 위치에 대한 자긍심을 가지면 (국정원의) '도청盜聽' 같은 잔재주는 부리지 않게 돼. 무얼 하든 정당하게 해야지. 정당하고 명예롭게 패하면 다음에 또 해볼 기회가 있잖아."

노장은 "불교를 이야기하려면 먼저 '나'라는 생각과 자존심을 버려야 한다"고 강조한다. '나'에 대한 집착, 즉 아상我相을 버리라는 얘기다.

노장은 "금생에 인간 노릇 안 하겠다는 생각으로 사흘만 생각하면 보인다"고 했다. '저게 내 꺼다' 생각하면 보는 것도, 듣는 것도 위축되고 아무 생각도 안 나온다. 그러므로 내 주장은 아예 버려놓고 시작해야 한다는 말씀이다.

"부처님은 이미 3,000년 전에 쉬는 법을 가르치셨거든. 요즘 주 5일 근무제다 뭐다 해서 쉬는 방법에 관심이 많은 모양이던데 눈도 귀도 혓바닥도 다 쉬어야 진짜 쉬는 거지. 거기서 무안이비설신의無眼耳鼻舌身意가 나오는 거야. 휴가 가서 쉰다고 하면서도 휴대전화를 옆에 놔두면 진짜로 쉴 수 있겠나. 전화도 무엇도 다 버리고 내려놓아야 진짜로 쉴 수 있는 거야."

　노장은 요즘 사람들이 사는 방식에 안타까움이 많다. 우선 종교만 해도 돈이 귀해야 발전하는데 그 돈 때문에 제일 썩은 게 종교라고 개탄한다. 문경 봉암사처럼 신자와 일반인의 출입을 제한하고 살아도 스님들이 공부하는 데 전혀 지장이 없는데, 절에서 너무나 '돈, 돈, 돈' 한다는 것이다. 사찰 주변에 배추, 무 등을 심고 스스로 농사를 지어 먹으면 농약도 덜 치고 폐단이 적은데 요즘 절 주변 땅을 너무 묵힌 채 놀리고 있다는 지적도 보탠다.

　"내가 이런 이야기하면 사다 먹는 게 더 낫다고 해. 머리를 굴려보면 방법이 나오는데 해보지도 않고 물러서는 게 문제야. 절간에서는 깨끗한 물과 공기가 반半양식인데 그걸 살리지 못하거든. 보조 스님은 땅에서 넘어진 자 땅을 짚고 일어나라고 했는데 요샌 땅도 안 짚고 일어날 궁리를 한단 말이야. 불전에 돈을 놓고 '잘되게 해달라' 고만 하지 '부처님 시키는 대로 하겠습니다' 하는 사람은 드물어."

　스스로 노력하지 않고 편하게만 살려는 사람들에 대한 경책이다. 노장은 수좌들에게도 "노력하라, 그저 바라지 마라"고 강조한다. 딴사람 잘 때 더 해야 목표한 바를 성취할 수 있기 때문이다. 그래서 송광사에는 TV도 선풍기도 없다. 노장은 "수좌들한테 욕 먹어도 할 수 없다. 공부 분위기가 더 중요하다"고 딱 자른다. 생활의 편리함에 길들여지지 말라는 뜻이다. 집이며 옷, 음식 등 모든 것을 남의 덕으로 살면서 공부(수행)를 못해서야 말이 되겠느냐는 것이다. 노장이 앉은 자리 뒤편 벽에 걸린 목우가풍牧牛家風의 뜻을 물었다.

"소를 길들이려면 고삐를 잘 매야 하듯 사람도 자기 코에 코뚜레를 끼워 스스로 고삐를 매고 길들이라는 뜻이야. 스스로 길들이는 게 절집 공부거든. 보조 스님 별호가 목우자였지. 오늘을 사는 내가 어떤 위치에 있나 자문해봐. 그리고 각자 코에 고삐를 꿰어봐. '내가 나를 고친다'고 생각하면 행동이 달라질 거야. 눈으로 보고 귀로 들은 데서 속는데, 좋은 것만 보고 듣고 먹으려 할 때 거기에 놀아나는 거야."

머리에 붙은 불을 끄듯이 도를 구하라· · · · ·

경북 성주 태생인 보성 방장은 1945년 구산 스님을 은사로 출가해 절집 생활만 60년이 넘었다. 전국의 여러 선원에서 20차례 이상 안거를 했고, 송광사 주지와 율원의 율주도 지냈다.

그래서 노장은 특히 계율을 강조한다. 노장은 "계율은 내가 좀더 고급스러운 행동을 할 수 있는 길"이라며 수월 스님의 예를 든다. 불살생계 不殺生戒를 철저히 지켰던 수월 스님은 땔감을 구할 때에도 죽은 나무만 잘랐다. 짐승을 봐도 해칠 마음을 먹지 않아서 멧돼지, 노루, 토끼, 심지어 호랑이까지도 스님한테 놀러왔다고 한다. 그러니 남을 해치려는 마음을 갖지 말라고 노장은 강조한다. 이때 일행 중 하나가 집요하게 달려드는 모기를 죽이려고 하자 노장은 "놔 둬. 같이 놀자고 왔는데…"라며 만류한다.

"불교의 장점은 인간성을 깊이 있게 개발하는 데 있어. 그런데도 불교를 믿으면 승진을 하느니, 회사가 잘되느니 한단 말이야. 요새 사람들은 폭이 넓어진 반면 깊이가 없어. 그래서 자기한테 속아 살지 말라는 거야. 아침마다 조용한 곳에서 심호흡을 하고 참선하면 일등 인물 돼. 세상 멋지게 보고 열심히 살아봐."

경쟁력을 갖추고 멋있게 사는 길이 참선에 있다는 얘기다. 어떻게 하면 내가 나를 길들일 수 있을까. 보성 방장은 해제와 함께 길을 나서는 수좌들에게 "몸을 잊고 공부하기를 머리에 붙은 불을 끄듯이 하라"며 이런 법어를 내렸다.

"어두운 방에 오랫동안 있으면서 지혜의 광명을 보지 못하고久居暗室 未觀慧光 항상 긴 밤에 살면서 왜 새벽을 생각하지 않는가大夜長居 豈不思曉 반드시 몸을 잊고 도를 위하되 머리에 붙은 불을 끄듯이 하라必須 忘身爲道 如救頭燃 물거품과 허깨비는 기약하기 어려우니 한 치의 세월도 아껴야 한다泡幻難期 寸陰可惜."

나의 '일'은 무엇인가
04 수 덕 사　덕 숭 총 림 선 원

　　　　　　　충남 예산 수덕사에서 덕숭산 정상으로 오르는 길은 덕숭총림의 또 다른 역사박물관이다. 수덕사 강원 뒤쪽의 계곡을 따라 나 있는 가파른 산길을 오르노라면 산중턱 절벽 위의 소림초당少林草堂과 관음석불입상을 수호하는 향운각香雲閣, 만공 스님의 사리를 봉안한 만공탑과, 만공 스님이 납자들을 제접提接하던 조실채였던 금선대金仙臺를 차례로 만나게 된다.

　금선대에는 한국 선불교의 중흥조인 경허 스님을 비롯해 제자인 만공·혜월 스님의 진영이 모셔져 있고 만공탑에 새겨진 선사의 말씀은 산길을 지나는 세인을 경책한다. 세상 모든 생명체는 불성을 지니고 있다는 뜻의 '百艸是佛母(백초시불모)'는 생명을 경시하는 세태를 꾸짖고, '千思不如一行(천사불여일행·천 번 생각이 한 번 행함만 못하다)'은 말만 앞세우는 사람들을 향한 죽비소리다.

　"사람이 만물 가운데 가장 귀하다는 뜻은 '나'를 찾아 얻는 데 있느니라"는 말씀을 마음에 새기며 만공탑에서 몇 걸음 더 올라가면 덕숭

수덕사 일주문의 편액

총림의 대표 선원이 있는 정혜사이다. 등산로 바로 옆이라 출입금지를 알리는 안내판과 함께 기다란 가로막대가 정혜사 입구를 막고 있다. 정혜사로 들어서니 마침 오전 정진을 마치고 난 후 방선放禪 시간. 새벽 3시부터 화두타파에 나선 납자들이 음식과 휴식으로 몸을 다스리는 시간이다.

선의 산실 · · ·

절집 공양간에 모처럼 활기가 돈다. 서울에서 신도들이 선방 납자들을 위해 특별식을 마련해왔기 때문이다. '대중공양'이라고 부르는 이런 행사는 불佛·법法과 함께 삼보三寶를 이루는 스님에 대한 일상적 공경을 넘어 '직지인심 견성성불直指人心 見性成佛'을 위해 은산철벽銀山鐵壁에 도전하는 수행자들을 찬탄하고 격려하는 자리다. 식탁에 오른 음식은 채식 샤브샤브와 국수, 전, 샐러드, 과일 등 보기에도 맛깔스럽다. 산문 안에 스스로를 가두고 수행에만 전념하던 납자들의 얼굴에도 미소가 돈다. 스님들이 워낙 좋아해서 말만 들어도 웃는다는 '승소僧笑'까지 나왔으니….

1부 빽빽이 들어선 나무와 같은 납자들의 수행처 49

만공 스님의 사리를 모신 만공탑

정혜사 입구

그러나 파탈破脫의 시간도 잠시뿐. 공양을 마친 납자들은 다시 본분사本分事로 돌아간다. 수행자에게 음식은 단지 허약해진 몸을 추스르기 위한 것일 뿐, 욕망의 대상이 돼서는 안 된다. 망상과 욕심으로 음식을 먹는 것이 아니라 지혜와 도심道心으로 먹어야 한다는 얘기다. 보조국사는 '계초심학인문誡初心學人文'에서 "맛있는 것을 좋아하고 맛없는 것을 싫어하지 말라"고 하지 않았던가.

해발 495.2미터의 덕숭산 정상 바로 아래에 있는 정혜사 능인선원은 조계종의 5대 총림 가운데 하나인 덕숭총림 수덕사를 대표하는 선원이다. 수덕사에서 30분 남짓 산행을 해야 당도한다. 주말 등산객들이 정혜사 옆을 수도 없이 오르내리지만 안거중인 선원 납자들에겐 '딴 세상'이다.

"이곳은 한국 근세 선불교의 중흥조이신 경허 스님이 선풍을 크게

설정스님

일으켜 수월 혜월 만공 고봉 금오 혜암 벽초 설봉 스님 등 위대한 고승을 배출한 '선의 산실'입니다. 지금 한국불교가 선방을 유지하는 것도 그때 씨앗을 뿌려놓은 덕분이지요."

점심공양을 마친 선원 수좌 설정(雪靖·66) 스님은 선원 마당을 산책하며 이렇게 입을 연다. 설정 스님은 경허-만공-벽초-원담(현 덕숭총림 방장) 스님의 법맥을 잇는 덕숭총림의 차세대 지도자이다. 1955년 현재의 덕숭총림 방장 원담 스님을 은사로 출가해 수덕사 주지와 조계종 종회의장을 역임하는 등 이판과 사판을 초월해 덕숭 가풍의 맥을 잇고 있다. 종회의장에서 물러난 뒤로는 봉암사에서 3년, 상원사 청량선원에서 1년간 수행하는 등 육순을 넘어서도 탁마를 멈추지 않는 수행자의 표상이다.

"덕숭산은 크지는 않으나 아름다운 계곡과 기암괴석이 절경을 이뤄 '호서의 금강산'으로 불리는 곳입니다. 표토 밑에는 무늬석이 대량으로 매장돼 있고, 지상에는 분재같이 예쁜 나무들이 즐비하지요. 예로부터 덕숭산에서 '삼성칠현三聖七賢'과 무수한 도인이 나온다고 했는데 실제로 이곳이 '선의 산실'이 된 것이지요."

씨 없이 심은 데서 싹이 나는 도리··

능인선원이 있는 정혜사의 입지는 실로 탁월하다. 덕숭산 정상과는 불과 300미터 거리요, 큰절(수덕사)과는 멀리 떨어져 있어서 관람객들로부터 자유롭다. 간혹 등산객들이 기웃거리긴 하지만 출입을 막고 있어 정혜사는 수행자들만의 공간이다. 멀리 서해 바다까지 탁 트인 전망도 압권이다.

마침 비구니 스님 셋이 설정 스님을 찾아왔다. 어떤 화두를 들고 수행하면 좋을지 화두를 타러 왔다고 한다. 염치 불구하고 무슨 화두를 타 가는지 지켜보고 싶지만 그래서는 안 될 분위기다. 비구니 스님들이 돌아간 후 설정 스님은 다시 경허 스님 이야기를 꺼낸다.

"경허 스님은 화두를 금방 주지 않는 게 특징이었어요. 수월 스님에겐 대비주大悲呪 하나만 외우라고 했고, 혜월 스님에겐 나무아미타불을 시켰습니다. 만공 스님은 경허 스님이 화두를 주지 않으니까 어떤 객승이 들려준 '만법귀일 일귀하처(萬法歸一 一歸何處 · 만법은 하나로 돌아가니 그 하나는 어디로 돌아가는가)'를 화두 삼아 수행을 시작하셨지요."

수월 스님은 대비주로 확철대오廓徹大悟했고, 혜월 스님은 나무아미타불로 삼매三昧에 이르렀다. 만공 스님 역시 온양 봉곡사에서 새벽 종소리를 듣고 오도송을 읊었다. 수행자의 근기를 성숙시켜 스스로 공부하도록 하는 게 경허 스님의 지도방식이었던 것이다. 삼매에 이른 혜월 스님이 '씨 없이 심은 데서 싹이 나는 도리를 아느냐' 는 물음에 대답을 못하고 막히자 그제야 조주의 '무無' 자 화두를 주었으며, 온양 봉곡사에서 견성한 만공 스님의 선문답이 미진하자 역시 '무' 자 화두로 더 정진하게 했다고 설정 스님은 설명한다. '북방의 수월, 중앙의 만공, 남방의 혜월'이라는 당대의 선지식들이 이렇게 힘든 과정을 거쳐 탄생했다는 얘기다.

창건에 관한 기록이 명확하진 않지만 백제 위덕왕(554~597)때 창건된 것으로 추정되는 수덕사는 임진왜란 때 대웅전을 제외한 대부분의 가람이 소실됐고 사세가 위축됐다. 그러나 1882년 경허 스님이 머물면서 선풍이 불어왔고, 그 법을 이은 만공 스님이 선지禪旨를 널리 펴면서 꽃을 피워 한국 근대 선불교의 여명을 밝힌 종찰宗刹로 우뚝 섰다.

정혜사 산신각

수덕사에 선원이 개설된 것은 만공 스님이 깨달은 뒤 1905년 정혜사 아래에 '금선대'라는 띠집을 지으면서다. 만공 스님이 이곳에서 보림에 들어가자 전국의 수행자들이 찾아와 가르침을 청했고, 지금의 관음전 자리에 작은 선방을 짓고 선원을 열었다. 당시 여름에는 선원 밖 마당에서도 정진했고 겨울에는 요사채도 선방으로 삼았다

1부 빽빽이 들어선 나무와 같은 납자들의 수행처 53

고 한다. 1928년 '덕숭산 정혜사 능인선회 방함록서德崇山能仁禪會芳啣錄序'를 써 납자들의 정진을 독려했던 만공 스님은 4년 뒤 사재 5,000원을 털어 정혜사에 선방을 신축했다. 만공 스님이 정혜사 조실로서 참선을 지도하자 그 문하에는 늘 100여 명의 수행자들이 모여들었다고 한다. 설정 스님은 "고암 성철 청담 효봉 등 근·현대 선승치고 정혜사를 거치지 않은 분이 없을 정도였다"고 했다.

일하지 않으면 먹지 않는다····

만공 스님의 글씨로 능인선원에 남아 있는 국한문 혼용체의 덕숭청규가 당시의 정진 분위기를 전해준다. '立繩의 指導를 絶對 服從할 사. 身命을 액기지 말고 勇猛으로 정진하라. 금번 山林에 參學 了畢하기를 同盟할 사. 禪院內에 默言을 嚴重히 할 사. 禪定中 睡魔를 嚴禁할 사. 山林中 出他를 不許할 사. 淸規를 한 가지로 違反할 時난 逐出할 사. 佛紀 2971년'

"만공 스님은 불교의 전통을 지키면서 구국의 열정을 불살랐던 분입니다. 만해(한용운) 스님, 김좌진 장군하고 막역한 사이여서 늘 나랏일을 걱정하셨지요. 만공 스님은 '해방은 되지만 그 후가 문제다. 애를 낳는 것보다 어떻게 키울 것인가가 더 중요하다'면서 해방 후에 잘못하면 더 큰 수난을 겪게 될 것을 염려하셨는데 실제로 그렇게 되었지요."

1984년 통도사, 해인사, 송광사에 이어 조계종의 4번째 총림으로 지정된 덕숭총림 수덕사는 1990년대 들어 대대적인 중창불사를 통해 면모를 일신했다. 2004년 가을에는 만공 스님이 1932년에 세웠던 능인선원 건물을 헐고 정면 7칸·측면 3칸의 선원을 신축했다. 처음엔 보수계획을 세웠다가 천장의 서까래가 썩어 있는 등 상태가 심각해 새로 지었다고 한다. 최대 수행인원은 30명가량이나 이번 동안거엔 18명이 정진중이다.

"1950년대에 처음 여기 왔을 땐 40명가량이 공부하며 살았어요. 그땐 겨울에도 덮고 자는 이불이 없었고 좌복을 배에 걸치는 게 전부였지요. 방바닥도 추워서 차라리 앉아서 조는 게 나았습니다. 춥고 배고파야 도심이 생긴다飢寒發道心는 건 철칙입니다. 몸이 쉽고 편하면 타성에 젖어 나태하기 쉽거든요."

설정 스님은 덕숭문중의 수행가풍으로 일하지 않으면 먹지 않는다는 '일일부작一日不作 일일불식一日不食'을 먼저 든다. 덕숭총림의 2대 방장을 지낸 벽초(碧超·1899~1986) 스님은 일곱 살에 출가해 절에서 80년을 살면서 선농일여禪農一如의 가풍을 진작했고 방장이 된 다음에도 일을 손에서 놓지 않았다고 한다. 지금도 정혜사 위쪽엔 납자들이 농사를 짓는 너른 밭이 있다. 몸을 움직여 일하면 건강에도, 수행에도, 절 살림에도 도움이 되기 때문이다.

"처음 절에 왔을 땐 하루 종일 일하고 저녁에 공부했어요. 요즘 사람들은 그렇게 하기가 힘들 텐데, 일하면서 정진하는 옛 풍토를 되살려볼 생각입니다. 가능하면 자급자족해서 시주의 은혜를 덜 짓도록 해야지요. 일을 싫어하는 이들도 있지만 일하며 정진하려는 사람이 더 많아요. 육체를 너무 놀리면 문제가 생기니까요. 하루 서너 시간은 일하는 게 좋습니다."

'일' 없는 사람은 들어오지 말라·····

설정 스님은 사회에 참살이(웰빙) 물결이 확산되면서 잘 먹고 쉬고 놀자는 풍조가 심화돼 절집까지 물드는 걸 염려한다. 시대가 아무리 변해도 불조佛祖의 가르침을 지키는 것이 정진에 도움이 된다는 것. 도를 닦는 일은 자제와 극기가 필수적인데 요새 스님들이 넉넉하다 못해 호화스럽다는 비판까지 받고 있는 현실을 염두에 둔 말씀이다. 설정 스님은 "수행환경을 지키기 위해서라도 먹고 쓰는 걸 줄여야 한다"고 강조한다.

"중이 집이나 근사하게 짓고 살면 그건 생활인일 뿐이죠. 여러 가지로 변화된 여건 때문에 불가피하게 불사를 하긴 하지만 그건 차선책이고 수행이 첫째입니다. 우린 수도자로서 있어야지요. 바위는 산꼭대기에 있을 때 아름답지 산 아래에 있으면 그 가치가 드러나지 않습니다. 모든 사람이 분수를 지키며 자기다워지는 것이 필요해요."

1만 달러의 소득을 갖고 2만 달러 수준으로 살려고 하는 게 문제라고 스님은 지적한다. 어려울 땐 더 절약하고 자제해야 하는데 오히려 더 쓰고 놀려고 하니 사회는 더 가난해질 수밖에 없다는 말씀이다. 이런 현상과 함께 인심은 더 얄팍해져서 원칙보다는 잇속만 차리는 기회

점심 공양과 방선을 끝낸 납자가 오후 정진을 위해 선방에 들고 있다.

주의자들이 늘어나고 삶도 각박해진다고 스님은 우려한다.

"불교는 불교인에만 한정해서 적용되는 게 아니며 진정한 웰빙을 실현하려면 불교적 사고와 교리, 사상에 입각해 생활해야 합니다. 아무리 많은 지식이 있으면 뭘 합니까. 쓰레기통에 좋은 음식을 담아서 먹을 수 없듯이 사람이 된 그릇에 지식을 담아야 유용합니다. 그러나 현실에선 지식만 있는 고도의 사기꾼들이 많지요. 옛말에 '교언영색선의인巧言令色鮮矣仁'이라, 잘 꾸미고 말 잘하는 사람 중에 어진 이 없다고 했습니다. 자기 그릇을 반듯하게 잘 만들어야지요."

오후 1시 50분. 오후 입선을 예고하는 목탁소리가 덕숭산의 정적을

1부 빽빽이 들어선 나무와 같은 납자들의 수행처 57

정혜사 능인선원과 그 앞 덕숭원에 선 쌍탑

깬다. 선불장選佛場으로 향하는 납자들의 발걸음이 가쁘다. 옛날 황벽(黃蘗·?~850) 선사는 "티끌세상을 벗어남은 보통 일이 아니니 고삐 끝을 꼭 잡고 한바탕 일을 치르라. 매서운 추위가 뼛속에 사무치지 않으면 어떻게 매화향기 코끝을 찌르랴"라고 했다. 화두 하나에 모든 것을 건 납자들의 기상에 덕숭산의 바람도 멈칫하는 듯하다.

선원 기둥에 걸린 '閑人勿入(한인물입 · 일 없는 사람은 들어오지 말라는 뜻)'이라는 글귀가 선방 앞마당의 동산인 덕숭원에 나란히 선 쌍탑과 마주본다. 선방과 쌍탑 사이에 선 나의 '일'은 무엇인가.

상사병 난 것처럼 절박하게 구하라
05 백양사 고불총림선원

"눈이 내리려나 봅니다. 산길에 눈이 많이 쌓이면 스님들 할 일이 많아져요. 이쪽엔 눈이 많아서 겨울 안거 석 달 동안 20차 례가량 눈이 내리는데 큰 절에서 암자까지 4킬로미터 떨어져 있으니까 겨울 한 철 동안 80킬로 이상의 눈을 치우는 셈이지요."

가파른 산길로 지프를 몰아 선원으로 향하던 스님이 눈 이야기로 침묵을 깬다. 잔뜩 찌푸린 하늘이 금세라도 눈을 퍼부을 기세다. 겨울 산사에 내리는 눈은 아름답지만 수행자들에겐 또 하나의 일거리일 수밖에 없다. 그러나 고통을 행복으로 바꿀 줄 아는 사람이 바로 수행자들이다. 눈을 치우는 것은 그들에게 노동이며 또한 좌선으로 굳어진 몸을 풀고 단련하는 운동이기 때문이다.

깨달음의 실체가 있느냐· · · · ·

　선원이 있는 암자에 도착하자 마침내 눈발이 흩날리기 시작한다. 전남 장성 백양사를 품고 있는 백암산의 백학봉 아래에 자리 잡은 운문암. 대한불교조계종의 5대 총림 가운데 하나인 고불古佛총림선원이 있는 곳이다. 가파른 비탈 위에 길쭉하게 형성된 터에 선원과 요사채, 공양간 등이 자리 잡고 있는데, 선원 마루에 서면 산 아래가 한눈에 들어온다. 백양사에서 가장 전망이 좋은 곳이라는 말이 허언은 아닐 듯하다.
　백제 무왕 때 신라 고승 여환如幻 스님이 개창한 백양사는 고려 때부터 정진도량으로 유명한 곳이다. 고려 덕종 땐 정토선원으로 불렸고 충정왕 2년에는 왕사였던 각진覺眞 국사가 오래 머물면서 호남에서 손꼽히는 선원이 됐다. 조선에 와서는 선조 때 환양喚羊 선사가 백양사로 개칭했고, 청허 휴정淸虛 休靜 선사의 법통을 이은 환성 지안喚醒 志安 선사의 제자들이 차례로 와서 선풍을 드날렸다.
　근세에는 만암(曼庵 · 1876~1956) 스님이 1914년 백양사에 고불선원을 세운 데 이어 1920년 학명鶴鳴 스님이 조실로 와서 납자들을 지도했고 1947년에는 만암 스님이 식민지 불교 청산과 민족정기 함양, 승풍 진작 등 3대 목표를 내걸고 전라도의 20여 개 사암 및 포교당을 동참시켜 최초의 총림인 고불총림을 결성했으나 한국전쟁 때 백양사가 소실되면서 총림의 기능을 상실했다.
　백양사에 선풍이 다시 드날리기 시작한 것은 만암 스님의 법을 이어받은 서옹(西翁 · 1912~2003) 스님이 머물면서부터다. 서옹 스님은 1964년 천축사 무문관 초대 조실을 비롯해 동화사 백양사 봉암사 대흥

사 등 여러 선원에서 조실을 지냈다. 특히 백양사에 와서는 무위진인無位眞人의 '자각한 사람', 즉 참나를 되찾자는 '참사람 운동'을 주창하면서 선을 통한 인간성 회복을 역설했다. 1996년 고불총림을 다시 설치해 방장에 추대된 서옹 스님은 1998년 국내외 선사와 학자 등을 모아 '깨달음의 실체가 있느냐'를 주제로 무차선회無遮禪會를 열기도 했다.

한국전쟁 때 소실됐던 운문선원을 되살린 주역도 서옹 스님이다. 고려 때 각진 국사가 머문 이래 호남의 손꼽히는 수선도량이었던 운문암은 1923년 용성 스님이 운문선원을 열면서 다시 납자들을 불러 모은다. 당시 운문선원에는 고암古庵 석암石庵 금포金圃 스님 등 40~50명의 수좌들이 몰려들어 선풍을 떨쳤고, 인곡仁谷 운봉雲峰 법전法傳 스님도 운문선원을 거쳐갔다. 한국전쟁 이후에도 납자들의 발길이 끊이지 않아서 1975년경 운문암에는 7~8명가량의 납자들이 안거했다고 한다.

"운문암에 선원이 다시 생긴 건 1984년입니다. 서옹 스님이 운문선원의 문을 다시 열면서 옛 명성을 되찾았지요. 예로부터 선가에는 '북北 마하연, 남南 운문'이란 말이 있는데 금강산 마하연 선원과 이곳 운문선원이 이 땅의 선방을 대표한다는 뜻이지요."

눈발을 피해 선방 옆 건물에서 차를 내던 운문선원 유나 지선(知詵·61) 스님의 설명이다. 지선 스님은 "운문선원은 각진 국사, 진묵 대사와 서산 사명 백파 학명 한영 용성 인곡 석암 남전 운봉 고암 등 조선 말기의 위대한 스님들이 다 거쳐간 곳"이라며 "부안 월명암, 대둔산 태고암과 함께 도인이 많이 나오는 3대 성지로 꼽힌다"고 덧붙인다. 운문선원은 1996년 총림 설치와 함께 고불총림선원으로 이름을 바꿨다.

백양사 대웅전 뒤편의 고불선원

일주문 편액

눈 쌓인 당우들

"운문암은 근대 이후에만 교정과 종정이 7명이나 배출된 곳이니 남북한을 합쳐 도인이 가장 많이 나온 곳입니다. 수행자라면 누구나 한번은 거쳐가는 곳이지요. 실제로 이곳에서 수행해보면 졸음이 오지 않고 기운이 솟아요. 광주 무등산, 순천 조계산, 화순 모후산이 다 보일 정도로 전망도 일품이지요."

명성과 달리 고불총림선원의 규모는 크지 않다. 서옹 스님이 특유의 꿈틀대는 필체로 쓴 '雲門庵(운문암)' 편액이 걸린 선원채는 정면 7칸의 아담한 목조건물로 많아야 스무 명 정도 정진할 수 있는 규모다. 1985년부터 이 선원채를 짓는 데 3년이 걸렸다니 빠듯한 살림에다 가파르고 좁은 산길로 자재를 날라야 하는 공사가 얼마나 힘이 들었을지 짐작케 한다. 이번 동안거에 정진중인 납자는 17명. 백양사 큰 절의 고불 선원에도 7명이 방부를 들여 비구선원에만 24명이 수행하고 있다. 운문 암의 고불총림선원에는 명성만큼이나 방부 들이기가 쉽지 않아 고불선 원에서 한철 안거를 한 뒤 올라오는 경우도 많다고 한다.

결제·해제는 이름일 뿐···

선원의 청규淸規는 여느 선원과 다름없이 엄격하다. 계율에 어긋나는 행동은 일절 용납되지 않고 안거 중에는 산문 밖으로 나갈 수 없다. 청규를 지키라는 권유를 3차례 받고도 불응하면 즉시 퇴방이다.

"하루 10시간을 기준으로 정진하는데, 얼마나 많은 시간을 정진하느냐보다는 쉬지 않고 여일하게 하는 게 중요합니다. 어디서 어떻게 살든 수행을 그치면 안 되지요. 안거 때 3개월 정진하고 해제 때 3개월 확 풀어놓고 그 다음에 또 결제하는 식으로 반복하면 평생 해도 제자리일 뿐입니다. 결제·해제는 이름일 뿐 깨달을 때

지선 스님

까지 계속해야지요."

 1980년대 이후 민주통일민중운동연합(민통련) 부의장 등을 맡으며 십수 년간 재야운동에 앞장섰던 지선 스님은 이번 철로 12안거째 정진 중이다. 선방 생활만 6년째. 처음에는 '운동권 스님'의 경력 쌓기 정도로 여겼던 주위 사람들도 지금은 보는 눈이 달라졌다.

 "10대 때부터 참선한 경험이 있어서 사회운동 할 때에도 참선을 쉬지는 않았어요. 1987년 6월 항쟁 때 서대문형무소에 갇혀 0.75평짜리 독방에서 6개월 살 때 가장 정진이 잘 되더군요. '정진하다 죽어야겠다'고 생각하고 운동할 때, 화장실 갈 때, 밥 먹을 때 빼고는 계속 참선을 했거든요. 그땐 너무 좋아서 '감옥에서 나가면 상좌들한테 1.5평짜리 독방 하나씩 지어주고 한 소식 하기 전에는 못 나오게 해야지'라고 생각도 했었지요. 그 후 이철규 군 사망 사건과 관련해 광주에서 6개월 감옥살이 할 때에도 정진을 계속했는데 성성적적惺惺寂寂이 이런 것인가 싶더군요."

 감옥이 지선 스님에게는 스스로 자신을 가두는 무문관無門關이었던 셈이다. 지선 스님은 "재야운동을 하면서 가졌던 갈등과 불안, 회의 등이 사라지고 얼마나 좋은지 모르겠더라"면서 "지금은 수행해도 그 경지가 다시 오지 않는다"고 안타까워한다. 사회운동을 하면서도 출가자로서 수행을 하지 못하는 데 대한 괴로움을 안고 있었다는 지선 스님은 1998년 조계종 총무원장 후보로 나섰다가 낙선하자 곧바로 백양사로 내려와 선방으로 향했다. 당장 세상의 고통을 덜어주는 일을 하지 못해 미안하고 안타깝지만 개인적으로는 45년 승려생활 가운데 가장 마음이 편하고 행복하다고 한다. 고불총림선원의 가풍을 묻자 "용과 뱀이

고불총림선원인 운문암

화두 '이뭣고'를 새긴 백양사 입구의 표지석

섞이지 않는 것"이라고 설명한다.

"만암 스님의 가풍은 상벌이 분명한 겁니다. 중생을 제도하는 자비심을 낼 땐 용사龍蛇가 섞여 살아야 하지만 불법 수행에는 옳고 그름을 분명히 가려야 합니다. 만암 스님이 종정 때 비구 · 대처를 막론하고 최초로 정화를 주장했어요. 이승만 대통령이 정화 유시를 내리자 '외부의 힘에 의해 정화를 해야 하니 부끄럽지만 그래도 해야 한다'고 했습니다. 그러나 종조를 태고보우에서 보조지눌로 바꾸고 물리력을 동원하는 비불교적 방법으로 정화를 추진하자 종정을 그만두고 백양사로 내려오셨지요."

함께 수행하는 것의 의미 · · · · · · ·

이야기가 옛날로 돌아가자 지선 스님은 출가 초기의 가난했던 절집 살림을 떠올린다. 면사무소에 가서 보리쌀을 배급받아 낮에만 서홉밥을 먹고 아침과 저녁은 얼굴이 비칠 정도의 멀건 죽을 먹고 살았던 시절, 수학여행 온 학생들을 700~800명씩 재우면서 절이 여관 노릇을 해야 했던 이야기며 관광객이 주고 간 밥을 먹었던 얘기까지…. 서홉밥이란 수행자들이 밥을 담을 때 그릇의 3분의 1을 넘지 않도록 했던 밥이다. 그래도 그 시절엔 예불 2시간, 참선 1시간은 반드시 해야 했고, 하루가 어떻게 지나갔는지 모를 정도로 눈코 뜰 새 없이 보냈다고 한다.

"지금 도인이 나오지 않는 것은 진짜로 수행을 하지 않기 때문이에요. 상사병 난 것처럼, 강도에 쫓기며 살려고 몸부림치듯 절박한 심정으로 꾸준히 참고 수행을 해야 진전이 있어요. 대충 안거 수나 채우는 낭만적 수행은 필요 없습니다. 참으로 절박하면 수행하지 말라고 해도 합니다. 공부를 제대로 했는지는 해제 후 얼굴을 보면 알지요."

지선 스님은 선방에서 여럿이 정진하는 데 대해 "대중의 공덕이 최고"라고 했다. 여럿이 함께 수행하다 보면 자기도 모르게 탁마琢磨가 되니 대중의 힘이 무섭다는 것. 대중 수행처에서 오래 살아야 혼자서도 올곧게 수행할 수 있다고 한다. 혼자 있을 때 어떻게 사는지 보면 그 사람의 수행력을 알 수 있다는 얘기다.

1980년대 시위 현장에서 열변을 토하며 혈기방장血氣方壯했던 지선 스님이 벌써 환갑을 넘었다. 나이는 들었어도 얼굴은 훨씬 맑아졌다.

그는 "내가 쉬니까 세상이 그렇게 조용할 수 없다"면서 "앞으로도 계속 선방에서 정진하면서 수행자들을 뒷바라지할 것"이라고 했다. 총무원장 선거에 다시 나설 생각이 없느냐고 했더니 "자의든 타의든 절대 안 나간다"고 못박았다.(운문암에 간 것은 2005년 1월 말, 지선 스님은 그해 10월에 있었던 총무원장 선거에 나서지 않았다.)

입선入禪 알리는 목탁소리가 경내에 울려 퍼지자 지대방(선원에 딸린 곁방)에서 쉬던 납자들이 다시 선방으로 향한다. 문을 열고 선원 마당으로 나서니 어느새 백설이 도량을 수북이 덮고 있다. 타고 왔던 지프는 더 눈이 쌓이면 못 내려간다며 일찌감치 떠났고, 눈 속을 혼자서 내려가는 길. 한 걸음 내딛기가 여간 조심스럽지 않지만 마음은 뿌듯하다.

2부
활발발한 수행의 현장

불생불멸하는 나의 진성은 무엇인가
01 봉 암 사   태 고 선 원

해가 중천에 떴는데도 사위가 조용하다. 온통 고요와 침묵뿐…. 살금살금 내딛는 발걸음조차 정적을 깰까 조심스럽다. 경내에선 사람 모습을 찾아볼 수가 없다. 후원에도, 마당에도, 해우소(解憂所·화장실)에도 인기척은 없다. 다들 어디 갔을까. 툇마루 앞에 가지런히 놓인 수십여 짝의 신발을 보고서야 '아하!' 답을 찾았다. 스님들은 모두 참선중이라는 것을.

도량 전체가 선원, 모든 것은 공부를 위해 존재한다·

경북 문경시 가은읍 원북리 희양산 봉암사鳳巖寺. 1982년 대한불교 조계종의 특별수도원으로 지정된 봉암사는 도량 전체가 선원이다. 절에는 참선하는 스님들뿐이다. 주지나 후원(공양간)에서 살림을 맡은 스

봉암사로 들어가는 길의 봉암문

님들도 특별한 일이 없는 한 하루 8시간 이상 참선정진에 동참한다. 그렇다 보니 절에 도착하고서도 한참이나 두리번거려야 했다. 주지 원타 스님과 미리 약속을 해놓긴 했으나 주지 스님 방이 어디냐고 물어볼 사람이 눈에 띄지 않아서다. 결국 휴대전화로 주지 스님에게 물어보는 수밖에.

인적이 없기는 산문에 들어서면서부터 그랬다. 가은에서 타고 온 버스가 봉암사 입구에 도착하면 관리실에서 출입을 통제한다. 일반인은 물론 불교신자라 해도 '부처님 오신 날'을 빼고는 일 년 내내 봉암사에 들어갈 수 없다. 관리실을 지나 산문에 들어서면 그야말로 적막강산, 인적은 끊어지고 장마 끝의 물소리만 요란하다.

지금은 음력 4월 보름부터 7월 보름까지 석 달간 일체의 외출이나 만행을 삼간 채 집중 수행하는 하안거夏安居 중이다. 주지 스님의 설명에 따르면 하안거에 동참한 대중은 100여 명. 비로자나불을 주불로 모신 금색전金色殿과 일직선을 이루는 희양산 암봉을 병풍 삼아 서 있는 태고선원太古禪院에는 42명이 하루 10시간, 대웅전 아래 마당 왼편의 성적당惺寂堂에선 24명이 14시간씩, 대웅전 옆 관음전觀音殿에선 6명이 하루 16시간씩 정진중이다. 또 이들이 수행에 전념할 수 있도록 돕는 후원에서도 30여 명이 하루 8~10시간씩 정진한다.

 도량 전체가 선원이라는 말이 허언이 아니다. 봉암사의 모든 것은 공부하는 수좌를 위해서 존재한다. 여름 안거와 겨울 안거가 끝나면 다음 안거 때까지 봄·가을에 산철 결제를 하기 때문에 사실상 일 년 내내 안거를 하는 것이나 다름없다. 산철 결제 때에는 한 달 동안 하루 14시간씩 가행정진을 하는데, 산철 결제만을 위해 봉암사를 찾아오는 선객들도 많아서 동참자가 100명에 이른다고 원타 스님은 설명한다.

봉암사의 중심인 금색전과 삼층석탑

"봉암사는 한국 최대 규모의 선원일 뿐만 아니라 전국 선원의 '얼굴' 격인 곳입니다. 이곳에서는 모두가 완전한 공동체 생활을 합니다. 안거를 하는 수행대중이나 소임자나 모두 한 식구입니다. 누구는 어느 절에서 왔고 하는 식의 문중 개념이 없이 모두가 주인이지요. 기본적인 먹을거리는 자체적으로 충당하고, 울력도 같이 합니다."

흔히 절에서 살림을 맡은 스님들은 선방 수좌들을 '모시는' 일이 쉽지 않다고 하지만 원타 스님은 봉암사 주지 노릇 하기가 참 쉽다고 한다. 신도들이 없으니 신경 쓰지 않아도 되고 선객이나 소임자나 너나없이 공동체의 일원으로서 살기 때문에 각자 맡은 일과 참선만 하면 된다는 얘기다.

한국 불교 되살린 '결사'의 현장··

말은 필요 없다. 선방에서 묵언默言은 기본이요, 모든 것은 죽비소리로 통한다. 예불도 죽비로 대신한다. 각 수행처소(태고선원, 성적당, 관음전)에선 새벽예불 대신 죽비를 세 번 친 후 바로 정진에 들어가고, 후원 스님들 역시 대웅전에서 죽비 세 번 치고 부처님한테 3배를 올리는 것이 새벽예불이다. 오전 11시경의 사시巳時 예불도 전체 대중이 대웅전에 모여 죽비 세 번으로 끝낸다. 봉암사에선 목탁이나 염불소리도 들리지 않는다. 정진에 방해가 되는 모든 소리는 사절이다. 스님들은 그래서 걸을 때에도 앞발가락에 힘을 주고 발꿈치를 들어 소리가 나지 않도록 걷는다.

"봉암사는 신라 헌강왕 5년(879년) 지증국사가 창건했고, 지증국사의 손상좌인 정진국사 때 구산선문九山禪門의 하나인 희양산문曦陽山門이 본격 개창됐지요. 그 기운으로 지금까지 맥이 끊이지 않고 산중 토굴에서까지 정진하고 있어요. 일단 산문에 들어오면 도중에 나간다는 생각은 꿈에도 하지 않습니다. 밖에서는 간화선 이외의 다른 수행법이 많이 회자되는 모양이지만 여기서는 말도 꺼낼 수 없는 분위기지요."

해발 998미터의 거대한 바위산인 희양산은 백두대간의 단전에 해당하는 자리라고 한다. 일찍이 지증국사는 "산이 병풍처럼 사방을 둘러싸고 있어 봉황의 날개가 구름을 흩는 것 같고, 강물이 멀리 둘러싸고 있으니 뿔 없는 용의 허리가 돌을 덮은 것 같다"면서 "스님들의 거처가 되지 못하면 도적의 소굴이 될 것"이라 했다고 한다.

그래서일까. 희양산문이 개창되자 고려 초에는 수행대중이 3,000여 명에 이를 정도로 선풍을 드날렸다. 근대에 와선 조선시대 억불정책과 일제의 탄압으로 겨우 명맥만 유지하던 한국 불교에 회생의 숨결을 불어넣었던 곳도 봉암사다. 1947년 성철 자운 청담 우봉 스님 등 20여 명이 "오직 부처님 법대로 한 번 살아보자"며 '봉암사 결사'를 결행, 흐트러진 수행풍토를 바로잡았던 것이다. 이들이 제정했던 공주규약共住規約을 보면 그 원願과 발심發心이 얼마나 대단했던지 가늠할 만하다.

"삼엄한 불계佛戒와 숭고한 조훈祖訓을 근수역행勤修力行하여 구경대과究竟大果의 원만속성圓滿速成을 기함. 여하한 사상과 제도를 막론하고 불조교칙佛祖敎勅 이외의 각자 사견을 절대 배제함. 매불자생賣佛資生은 불법파멸의 근본 악폐이니 기복구명祈福救命의 무축巫祝행위는

봉암사 태고선원

단연 일소함…"

   결사에 참여한 스님들은 사찰운영과 절집 생활을 혁명적으로 개선했다. 법당에는 부처님과 그 제자만 모시기로 하고 칠성탱화, 신장탱화 등을 없앴다. 가사·장삼·발우도 새로 만들어 사용했고 각자의 허물을 드러내고 참회하는 포살도 해방 후 처음으로 실시했다. 일하지 않으면 먹지도 않는다는 '일일부작一日不作 일일불식一日不食'의 기강을 되살려 스님들이 직접 나무를 하고 밥도 지었고, 양식이 떨어지면 탁발을 다녔다. 당시 결사 대중 가운데 종정이 4명, 총무원장이 6명이나 배출된 것이 결코 우연은 아닌 것이다.

내 모양은 내가 짓는 것·····

오전 11시, 죽비소리가 숨 막힐 듯한 정적을 깬다. 서로 등을 돌린 채 면벽하던 스님들은 굳은 발목과 무릎, 어깨를 풀고 자리에서 일어선다. 사시예불과 점심 공양이 끝나고 오후 2시까지는 잠시 참선을 쉬는 방선放禪 시간. 이때를 이용해 선원장 정광(淨光·65) 스님의 처소인 동암東庵으로 향했다. 예닐곱 평이나 될까 싶은 동암은 슬레이트 지붕에 허름하기 짝이 없는 암자다.

18세에 출가해 참선 이력이 40년을 넘는 정광 스님은 봉암사에서만 30여 년을 살았다. 불청객을 맞은 선사는 일순 미간을 찌푸렸으나 곧 방으로 안내한다. 한 평 남짓한 방의 벽에는 '休休室(휴휴실)'이라는 글씨가 붙어 있다. 세상의 번다한 일과 생각들을 모두 내려놓고 쉬라는 뜻일까.

　"봉암사는 전문적인 참선수행도량이라 하루 종일 참선만 합니다. 울력도 참선하는 마음으로 하지요. 선禪은 자기의 근원을 늘 궁구하는 것입니다. 번다한 생각을 잊고 청정한 마음으로 자기 자신을 회광반조廻

光返照하면서 나중엔 그 청정한 마음마저도 버려야 합니다. 그러면 자기 본심의 근원에 도달할 수 있어요."

선사는 "세상 모든 것은 있다·없다有無, 시비是非와 장단長短, 취사取捨 등이 대립해 다툼을 만든다"며 "내 마음을 못 깨닫고 청정한 본원자리를 모르기 때문"이라고 지적한다. 그 청정한 자리는 이름이나 모양 등에 따른 차별과 상대적인 요소들이 끊어진 곳. 이곳이 바로 적멸상寂滅相이요 참마음眞心이며 무심無心의 경지다. 여기에 도달하는 방편이 참선이다.

"참선을 통해 이런 깨달음을 얻는 것이 '직지인심 견성성불直指人心 見性成佛'입니다. 그러면 생활에 어떤 끄달림도 없지요. 그러나 선을 하지 않으면 자기 생활을 심도 있고 바르게 하기 어렵습니다. 아이디어 전쟁의 시대에 사고가 미천하면 남보다 앞설 수도, 남을 이끌 수도 없어요. 사는 모습이 마음 쓰는 데 달려 있거든요."

선사는 '불생불멸不生不滅하는 나의 진성眞性은 무엇인가'를 화두로 던진다. 나지도 죽지도 않고, 어디에도 물들지 않는 영원한 나의 참모습은 무엇인가. 탐내는 마음, 남을 이기려는 마음, 나 먼저 잘살겠다는 이기심을 다 떠나 거짓 없고 담백한 내 모습은 무엇인가. 언제 어디서 무슨 일을 하든 자기에게 이런 물음을 던지며 궁구하면 무슨 일이든 다 이뤄진다고 선사는 설명한다.

"본래의 청정심은 누구나 원래 갖고 있는 것입니다. '사람 위에 사람 없고 사람 밑에 사람 없다'고 하지 않습니까. 그러나 이 마음이라는 것은 또한 내가 얼마나 어떻게 노력하느냐에 따라 다른 모습으로 나타납니다. 그래서 '사람이면 다 사람이냐, 사람다워야 사람이지'라고 하는 겁니다."

사람답기 위한 방법으로 선사는 신구의身口意 삼업三業을 잘 닦으라고 한다. 입으로는 거짓말妄語·나쁜 말惡口·실없는 말綺語·이간질하는 말兩舌을 하지 말고, 몸으로는 살생과 도둑질·싸움·음행을 하지 말며, 마음으로는 탐하고 성내고 어리석은 마음貪瞋癡을 내지 말라는 것.

선원장 정광 스님

"말을 진실하고 올바르고 실답고 솔직하게 하면 누구나 그 말을 받아들입니다. 그러면 '나'라는 모습이 처처處處에 살아 움직여요. 내가 노력하고 가꾸는 데 따라 마음의 형태가 드러나거든요. 내 모양은 내가 짓는 것입니다. 그러니 여러 마음을 갖기 이전의 때 묻지 않은 마음, 허공과 같은 마음으로 돌아가 말하고, 행동해야 합니다."

선사는 "마음은 쓸수록 넓어지고 덕은 쌓을수록 높아진다"고 강조한다. 내 속에 한 물건도 없으면 마음이 허공같이 넓어져 무엇이든 받아들이므로 시빗거리도 없다는 말씀이다.

"수행을 오래 해야만 근본이 바뀌는 게 아닙니다. 입지성불立地成佛

봉암사 계곡의 마애불

이라, 그 자리에서 바로 깨닫고 생활에서 실천하는 것이 중요하지요. 그러니 단 1주일이라도 직접 수행을 해보세요. 이전과는 천양지차天壤之差를 느낄 것입니다. 자기와 나라와 세계를 이끄는 힘은 말이 아니라 수행력에서 나오는 겁니다."

수행을 많이 한 옛 선사들의 말씀이 오랜 세월을 넘어서도 여전히 힘을 갖는 것은 이런 까닭이다. 실제로 참여해서 닦아보는 것, 실참실수實參實修가 선의 방법이 아니던가. 유불선儒佛仙과 시공을 넘나드는 선사의 법문에 푹 빠져 있는 동안 염천의 더위도, 시간의 흐름도 멎은 듯했다. 시계를 보니 어느덧 오후 2시가 가까운 시각. 오후 입선入禪을 위해 자리에서 일어서는 선사를 따라 큰 절로 다시 내려왔다.

잠시 참선을 쉬던 선객들이 다시 선방으로 모여든다. 산사는 또다시 고요와 침묵에 잠겼다. 산문을 나서는 길, 거대한 암봉巖峰을 인 희양산에서 내려와 가은읍에 이르는 양산천의 물소리가 선사의 할喝인 양 귓전을 울린다. 불생불멸하는 나의 진성은 무엇인가.

부처가 무엇인지 온몸으로 물으라
02 동 화 사   금 당 선 원

"이 난야蘭若는 스님들의 수행공간입니다. 참선수행을 위하여 출입을 금지합니다."

설법전 아래 돌계단을 내려와 동화사 계곡 위의 해탈교를 건너 위쪽으로 조금 올라가자 오른편에 이런 표지판이 길을 막는다. 난야蘭若란 인도어 '아란야(Aranya)'를 한자로 음역한 말로 적정처寂靜處, 즉 '고요한 곳'이라는 뜻. 동화사 금당선원金堂禪院으로 들어가는 입구다.

한적한 오솔길을 따라 가다 편액도 없는 일각문을 지나자 금당선원이 눈에 들어온다. 선원구역의 출입문을 넘어서자 널따란 마당 너머에 '金堂禪院(금당선원)'이라는 편액을 단 선방이 마주한다. 정면 9칸의 팔작지붕에 건평이 70평인 선방은 30명가량이 수행할 수 있는 공간이다. 선방 오른편에는 지대방과 간병실, 목욕탕, 다각실 등 요사가 자리 잡고 있다. 선방 왼편에는 극락전을 중심으로 그 좌우에 보물 제248호인 동탑과 서탑이 있고, 수마제전須摩提殿이 극락전 뒤편을 지키고 있다.

선원구역에 발을 들여놓기는 했으나 선뜻 발걸음을 옮길 수 없다. 한

금당선원 입구

여름의 불볕마저 서늘하게 만들 듯한 정적 때문이다. 들리는 건 여름 하루 해가 짧다고 울어대는 매미소리뿐…. 숲속의 고요함 너머로 입선 入禪 중인 수좌들의 선기가 전해오는 듯하다.

법맥이 고동치는 현장· · · · ·

동화사 창건에 관해서는 두 가지 다른 기록이 있다. 신라 소지왕 15년(493년)에 극달화상이 유가사라는 이름으로 창건했다는 동화사 사적

비의 기록과, 진표 율사로부터 영심대사에게 전해진 팔간자를 심지대사가 받아와 이를 팔공산에 와서 던져 떨어진 곳에 절을 지으니 이곳이 바로 동화사 첨당籤堂 북쪽 우물이 있는 곳이었다는 삼국유사의 기록이다. 불교계에선 이 가운데 신라 흥덕왕 7년(832년) 심지대사가 중창한 시기를 사실상의 창건으로 보는 견해가 일반적인데, 팔간자가 떨어진 우물터가 바로 금당선원 자리라고 한다. 동화사라는 이름도 심지대사가 중창할 때 겨울인데도 경내에 오동나무에 꽃이 활짝 피었다고 해서 붙여졌다고 한다.

이런 유서 깊은 인연 때문일까. 금당선원은 한국 불교의 선맥을 잇는

동탑 너머로 보이는 금당선원

참구도량으로 개원 이래 운수납자들의 발길이 끊이질 않았으며, 수많은 도인을 배출한 곳으로 유명하다. 사지寺誌에 따르면 동화사에 선원이 생긴 것은 약 400년 전. 동화사 조사전에 봉안된 보조국사, 사명대사 등 21명의 역대 선사들이 장구한 세월과 함께 드날려온 동화사의 선풍을 말해준다.

근대에 와서 금당선원이라는 이름으로 문을 연 것은 1900년 경허 스님에 의해서다. 지금의 선원 자리에 있던 금당암에 선원을 개설, 납자들의 안목을 열어주었기 때문에 금당선원이라고 했다. 이후 동광 남옹 고암 인곡 석우 승찬 효봉 구산 향곡 서옹 관응 등 수많은 고승들이 금당선원을 거쳐갔다. 성철 스님은 스물여덟이던 1940년 겨울 동안거 때 이곳에서 조주선사의 '無(무)자' 화두를 타파해 오도송悟道頌을 읊었다.

'황하수 서쪽으로 거슬러 흘러 곤륜산 정상에 치솟아 올랐으니黃河西流崑崙頂 / 해와 달은 빛을 잃고 땅은 꺼져 내리도다日月無光大地沈 / 문득 한번 웃고 머리를 돌려 서니遽然一笑回首立 / 청산은 예대로 흰 구름 속에 섰네青山依舊白雲中'

머리를 깎은 지 3년 만에 칠통 같은 어둠을 타파한 성철 스님을 생각하며 금당선원을 바라보니 그 기백이 전해오는 듯하다. 금당선원에선 지금도 이런 선맥을 이으려는 20여 명의 납자들이 정진중이다. 산내 암자인 비로암에서도 안거에 든다. 2003년 하안거의 경우 금당선원에서 24명, 비로암에서 4명이 정진했다. '남방의 선지식'으로 불리는 진제 스님이 조실로서 수좌들을 지도하고 있어 경허-혜월-운봉-향곡-진제로 이어지는 법맥이 고동치는 현장이다.

욕심 같아선 선방 안쪽도 들여다보고 싶지만 난야의 고요함을 깰까

먼발치에서 선방을 보는 것으로 아쉬움을 달래고 다시 설법전으로 향한다. 설법전 아래층의 전국선원수좌회 사무실에서 선원장 지환(智幻·60) 스님을 만나기 위해서다.

무아와 연기를 꽃피운 것이 선

고등학교 1학년 때 불교학생회를 통해 입문해 대학 시절 성철 광덕 스님 등 당대의 선지식과 인연이 닿아 출가한 지환 스님은 범어사 해인사 백양사 쌍계사 등 전국의 선원에서 정진해왔고, 쌍계사 금당선원장을 거쳐 2002년부터 동화사 금당선원장과 조계종 종립 기본선원장을 맡고 있다. 기본선원은 행자교육을 받고 사미 또는 사미니계를 받은 예비스님들을 위한 4년 과정의 참선수행 및 교육기관이다. 4년 과정의 강원講院에 가는 대신 기본선원에서 여름·겨울 안거 때에는 참선 위주로 정진하고 해제철에는 경전과 교리, 이론, 선어록 등을 공부하는 교과안거를 한다. 선원에서 왜 경전과 교리를 가르치는 것일까. 지환 스님은 "참선을 하려면 준비가 필요하기 때문"이라고 강조한다.

"선이란 불교의 근본사상인 무아無我와 연기緣起를 체험적으로 꽃피운 것입니다. 그래서 옛 선사들은 연기적인 삶, 동체대비同體大悲의 삶을 살았고, 나와 남이 둘이 아님不二을 행行으로 보였습니다. 그러나 오늘날 한국불교의 선을 보면 깨닫는 과정은 물론 깨달은 후의 삶에 대해 의문을 갖지 않을 수 없어요. 깨달음이 실천으로 연결되지 않기 때문이지요. 불교의 근본 입장에 대한 충분한 이해와 인격, 구도자로서의 자세 등을 갖춰야 합니다. 이런 전제 없이 무조건 화두만 들면 된다는 '화두만능주의'로는 간화선의 장점을 살릴 수가 없어요."

지환 스님은 "화두는 아무나 드는 것이 아니라 준비된 구도자가 깨달음을 향한 간절한 의문을 스승에게 물었을 때 내리는 것"이라고 설명한다. 스승이 화두를 내렸을 때 그 자리에서 깨달으면 언하대오言下大悟다. 그 깨달음은 사유체계를 뛰어넘는 초논리다. '조사서래의(祖師西來意·달마 조사가 서쪽에서 오신 뜻)'를 물었는데 '정전백수자(庭前栢樹子·뜰 앞의 잣나무)'라는 '비논리적' 정답이 그래서 나오는 것이다. 이를 이해하지 못할 때에는 '어째서 이런 답이 나왔을까'라는 강한 의문이 생기고, 이것이 화두선의 생명이 된다. 준비된 제자가 온몸을 던져 물었을 때 스승이 적합한 답을 던져줘야 제자에게 의문·의단이 형성되는 것이다. 그런데 지금은 참선한다고 하면 그냥 화두를 주는 게 문제라고 지환 스님은 지적한다.

"화두를 든다는 것은 부처가 무엇인가를 알고 싶은 내면의 열정을 온몸으로 묻는 것입니다. '부

금당선원장 지환 스님

처란 무엇인가'라는 물음과 '마른 똥 막대기'라는 대답이 서로 계합하면 언하대오가 되는 것이지만 그게 안 되면 '왜?' '어째서?'라는 강력한 쇼크로 의심덩어리(의단·疑團)가 형성돼요. 이 의단 때문에 다른 망상이 사라지고 삼매에 도달하게 되는 것입니다. 부처의 세계는 닦아서 만드는 게 아니라 이미 갖춰져 있는 것이기 때문에 이때 이미 갖춰진 완전한 진리의 세계가 드러나는 것이지요. 주파수를 맞추면 방송이 나오듯이 말이죠."

이것이 깨달음이다. 망상이 근절돼 공空해진 자리다. 여기에는 진여불성眞如佛性, 즉 참마음만 남아 작용한다. 참마음은 선악과 유무有無에 속하지 않으면서 또한 유무 밖에 있지도 않은, 선과 악, 유와 무의 이원성을 초극해 융통무애하게 통하는 세계다. 이것이 바로 견성見性이요, 확철대오廓徹大悟요, 구경각究竟覺이다. 지환 스님은 "견성, 확철대오, 구경각은 같은 것인데 구경각이 아닌 견성을 견성이라 해온 흔적이 있다"고 지적한다. 초견성初見性이나 '한 소식' 정도를 견성으로 여겨왔다는 얘기다. 이것은 얼음의 정체를 모르는 사람이 '물이 얼면 얼음이 된다'고 '아는' 것을 견성이라고 하는 것과 같다. 물이 얼음이 되고 얼음이 물이 되는 증오證悟의 과정이 필요하며 그래야 확철대오가 된다는 것이다.

"구경각 이전에는 바른 깨달음이 아니므로 돈점논쟁은 무의미합니다. 돈오돈수頓悟頓修가 깨달음의 표준입니다. 깨달은 후에는 깨달음의 작용과 행行이 있을 뿐 닦는 것은 불필요해요. 그런 점에서 돈오점수頓悟漸修의 돈오는 구경각으로 가는 과정의 깨달음입니다."

"야 인마, 멀었다 멀었어"

여기서 지환 스님은 다시 한번 '준비된 깨달음'을 강조한다. 깨달았다고 모두 똑같을 수는 없으며 깨달음이라는 체體는 같으나 실천행이라는 용用은 다양하다는 것. 깨닫기 전에 준비된 내용이 튼튼하지 않으면 깨달은 후의 용, 즉 실천행이 미약하게 되므로 체는 같아도 작용은 달라진다고 한다. 선사는 "어떤 원력과 체험을 갖느냐에 따라 깨달은 후의 모습이 달라진다"면서 "화두를 참구하는 바탕에 대비원력大悲願力의 삶과 자비심이 깔려 있어야 깨달은 후 묘용妙用, 대용大用이 가능하다"고 설명한다. 그래서 선사는 "준비되지 않은 사람은 화두를 들지 말라"고 한다. 그렇게 해서는 깨치기도 어렵고, 설령 깨친다 해도 초견성初見性과 확철대오를 구분하지 못할 만큼 어설프게 되기 십상이라는 이유에서다.

"저도 20대에 백봉 거사 문하에서 공부하다 한 소식했다고 큰소리치고 다닌 적이 있었어요. 지금 생각하면 참 부끄러운 일이지요. 서른서너 살 무렵 봉암사에서 산철 결제를 할 때 분발심이 나서 용맹정진을 한 끝에 뭔가 변화가 있어서 성철 스님한테 갔더니 '야 인마, 멀었다 멀었어'라며 퇴짜를 놓으셨어요. '오매일여寤寐一如가 되기 전에는 공부 그만둘 생각 마라'던 성철 스님의 말씀을 등불 삼아 아직도 정진중입니다."

몇 생에 걸쳐서라도 갈 길 · · · · · ·

기본선원은 '준비되지 않은' 간화선의 부작용을 예방하기 위해 선방의 구참 수좌들이 오랫동안 고민한 결과물이다. 그런 만큼 기본선원의 입방 갈마(입학시험)는 엄격하다. 참선을 위해 준비된 자질이 있는 사람만 선발한다. 비구계를 받기 위한 과정으로 알고 오는 사람에겐 입방을 불허한다. 필답고사와 면접, 철야정진, 품위조사 등을 3일에 걸쳐 꼼꼼히 치러낸 후에야 입방여부를 결정한다. 결국 출가 전 참선 경험이 있거나 책을 통해 불교를 일찍 접한 사람, 깨달음을 지향하는 내면의 요구가 강한 사람들이 주로 기본선원에 들어오게 된다는 설명이다.

이처럼 까다로운 입방절차만큼이나 기본선원의 교육내용은 탄탄하다. 전국 유일의 산문폐쇄 수행도량인 문경 봉암사에서 1년간 결사 정진하는 것을 시작으로 무문관이 있는 설악산 백담사, 수좌계의 '북北송담, 남南진제' 가운데 송담 스님이 지도하는 인제 용화사, 진제 스님이 지도하는 부산 해운정사 등 전국의 모범 선원을 두루 거치며 정진하게 된다. 그뿐이랴. 고우(전 각화사 태백선원장) 무여(축서사 선원장) 스님 등 선교를 겸수한 선지식들이 교선사敎禪師로서 이들을 지도하고 점검해준다. 지환 스님은 한국의 선불교 현실에 대해서도 할 말이 많다.

"지금 한국 선불교의 큰 문제는 참선공부를 이끌어줘야 할 조실과 방장이 제 역할을 못해서 선불교가 형식화되는 데 있어요. (축구의 히딩크 감독과 마라톤의 고故 정봉수 감독을 예로 들며) 스포츠에서 감독이 중요한 것처럼 깨달음의 길을 가는 데 있어 지도자의 역할은 무엇보다 중요하거든요."

선방에서 수행하는 납자는 많지만 이들을 바로 이끌어줄 선지식이 드물다는 얘기다. 지환 스님은 요즘 선방에 대해 "감독 없이 멋대로 공차는 선수들 같다"고 한다. 뼈를 깎는 일대 혁신 없이는 선조의 업적을 후광으로 삼는 현실을 벗어나지 못할 것이라는 통렬한 자성도 보탠다.

"깨달은 사람이 나오지 않으면 불교는 역사적 유물에 불과합니다. 허물은 불교나 간화선 자체에 있는 게 아니라 우리들 자신한테 있어요. 그러니 앉거 땐 모든 것을 내려놓고 전력투구해야지요. 생사를 건 이 수행은 당장 효과나 결실이 없으면 몇 생에 걸쳐서라도 투자할 만한 가치가 있어요. 설령 이번 생에 깨치지 못하더라도 그만한 영적 진보는 있으니 밥 도둑놈은 면할 겁니다."

지환 스님은 일반인에게도 참선을 권하면서 "깨달음을 향해 가는 방향은 정하되 빨리 깨달으려는 조급함은 버려야 한다"고 말한다. 금생에 깨치지 못한다면, 몸과 마음을 편하게 하는 차원에서라도 참선은 필요하기 때문이다. 휴식을 위해선 참선만 한 게 없다는 것. 그는 "1시간만 참선을 해도 머리가 맑아지고 갈등이 가라앉는다"며 "그게 축적되면 좀더 성숙하고 깊은 단계로 갈 수 있다"고 용기를 북돋운다. 문답을 마치고 일어서는 선사의 바짓가랑이가 낡고 해져서 살이 한 뼘이나 드러나 보였다.

목숨 바쳐 정진하라, 그러면 이루어진다
03 범어사 금어선원

"쓱, 싹, 쓱, 싹…."

아침 6시를 조금 넘긴 시각, 아직 어둠이 채 가시지도 않은 부산 금정산 범어사梵魚寺 경내에 비질 소리가 가지런하게 울려 퍼진다. 장갑을 끼고 마스크를 한 채 빗자루를 잡은 사람들은 20여 명. 오늘부터 범어사 금어선원金魚禪院에서 동안거冬安居를 시작한 수좌들이다.

이들은 매일 아침 공양을 든 뒤 선원과 대웅전 앞마당에서부터 일주문까지 비질을 한다. 새벽 2시에 일어나 전각을 모두 참배한 뒤 일주문 밖까지 손수 비질을 했던 전 조실 동산(東山·1890~1965) 스님 이래 줄곧 이어져온 금어선원의 전통이다. 정갈한 산사에서 청소할 게 뭐 그리 많으랴만, 수좌들이 쓸어내는 것은 '마음의 번뇌'가 아닐까. 석 달간의 만행을 끝내고 선방에 다시 돌아온 수좌들의 비질 소리는 그래서 더욱 힘차다.

대선지식들이 용맹스럽게 수행했던 도량···

 "금어선원은 경허 용성 만해 동산 탄허 지효 고암 성철 범룡 일타 광덕 스님 등 대선지식들이 용맹스럽게 수행했던 도량입니다. 명안明眼 종사의 산실이자 한국 선종의 심장부라 할 수 있지요. 태백정맥의 마지막 줄기가 닿은 곳인 데다 바다가 지척이라 도량이 맑고 힘차요. 여기서 공부하면 수좌 모두가 일당백一當百입니다."
 금어선원에서 20년 이상 정진해온 유나維那 인각(仁覺 · 66)스님의 설명이다. 신라 문무왕 18년(678년) 의상義湘대사가 창건한 열 곳의 화엄 십대 사찰의 하나인 범어사에 처음 선원이 생긴 것은 1899년 12월. 당시 주지이던 성월 스님이 금강암에서 금강선사金剛禪社를 열었다. 이

금어선원으로 들어가는 문. '영주선재' 라는 편액이 걸려 있다.

듬해부터 안양암(1900년) 내원암(1901년) 계명암(1902년) 원효암(1906년) 등에 잇달아 선사가 생겼고, 1909년에는 범어사 안심료·원응당·승당僧堂과 대성암에도 선원이 개설됐다. 1910년 범어사 경내에 금어선사金魚禪社가 개설되자 선풍은 절정에 달했다. 범어사와 산내 암자에 무려 9개의 선원이 동시에 운영됐을 정도다. 사찰령 실시 이후 일제가 전국 31본산의 특색에 따라 '불찰佛刹대본산 통도사' '법보대본산 해인사' 등의 명칭을 절 이름 앞에 붙이면서 1913년 범어사를 선찰禪刹대본산으로 지정할 당시 선객이 100여 명에 달했다고 한다.

"1929년 동안거부터 동산 스님을 금어선원 조실로 모셨는데 그때에도 70~80명의 수좌들이 정진했다고 해요. 한국전쟁 때에는 많은 납자들이 범어사로 모여들어 금어선원에는 결제, 해제가 따로 없이 납자들로 가득 찼어요. 동산 스님은 매일 동래로, 온천장으로 탁발해서 대중을 먹여 살리면서도 오는 스님은 누구라도 흔쾌히 받아들였고, 떠나는 스님은 안타까워하면서 막았어요. 그러면서 '목숨 바쳐 정진하라. 그러면 반드시 이루어진다'고 강조하셨지요."

범어사가 선찰대본산의 전통을 간직할 수 있

금어선원

었던 것은 선원을 연 성월 스님의 의지에다 동산 스님의 이런 노력이 있었기 때문이라고 인각 스님은 설명한다. 동산 스님은 오는 사람은 깡패나 도둑이라도 환영하는 반면, 누가 떠난다고 하면 '내가 신경을 덜 써서 그런가' 하고 말렸다고 한다. 또한 내 상좌, 남의 상좌 가리지 않고 두루 챙기고 보살폈고, 문중을 따지지 않는 것으로 유명했다고 인각 스님은 전한다.

금어선원은 대웅전 앞마당의 오른쪽에 있는 비로전과 미륵전 뒤편의 아늑한 곳에 자리 잡고 있다. 미륵전 오른편에 영주선재瀛州禪齋라는 편액을 단 문에 '이곳은 수도정진하는 선원이니 출입을 금한다'는 안내판이 조그맣게 걸려 있다. 이 문을 열고 들어서면 신자와 관람객들이 분주히 오가는 대웅전 앞마당과는 전혀 다른 세상이다. 고요한 뜰 너머로 정면 6칸·측면 3칸의 목조건물이 '금어선원'이라는 편액을 단 채 서 있고 그 오른편에는 요사채가 ㄱ자형을 이룬다. 선방에 들어서면 측면 벽 쪽에 불단을 마련해 불상을 모셔 놓았고, 사방 벽에는 일체의 장식이 없다. 한쪽 벽에 정진시간표를 붙여 놓았을 뿐…. 등을 돌린 채 두 줄로 앉아 면벽한 납자들의 표정이 바람 없는 연못의 물처럼 고요하다.

화두 하나에 모든 것을 걸고····

선찰대본산인 만큼 금어선원의 청규淸規는 예로부터 엄하기로 소문나 있다. 1910년에 제정된 '범어사 내원선원 청규'는 당시의 서릿발

금어선원 유나 인각 스님   동안거 결제법회

같은 가풍을 보여준다. 14항목의 규범과 선원 소임규정을 담은 이 청규는 '총림의 진정한 목적은 직지인심直指人心 견성성불見性成佛'임을 분명히 하면서 반드시 발심 납자를 받을 것, 내면을 성찰할 것, 동정에 귀를 기울이지 말 것, 태만하지 말 것, 방선 후라도 난잡하게 웃고 떠들지 말 것, 소란을 피우거나 대중의 화합을 깨는 사람은 선원에서 추출할 것, 긴요한 일이 아니면 남의 방에 함부로 출입하지 말 것 등을 촘촘히 규정하고 있다.

현재의 청규도 엄하기는 마찬가지다. 안거 기간의 산문 밖 출입은 당연히 금지되고 죽비에 의지한 채 묵언한다. 문자로 된 일체의 것은 볼 수가 없다. 수좌들은 매일 새벽 2시에 일어나 밤 10시에 잠들 때까지

금어선원에서 정진중인 납자들

하루 12시간 이상 정진한다. 대부분의 선원에서 50분 좌선한 뒤 10분간 다리쉼을 위해 일제히 포행布行을 하지만 금어선원에서는 원하는 사람만 포행하고 나머지는 계속 정진한다. 음력 섣달 초하루부터 1주일 동안에는 눕지도, 자지도 않고 용맹정진한다. 석가모니가 깨달음을 이룬 성도절(음력 12월 8일)을 맞아 부처님처럼 용맹스럽게 정진하자는 뜻에서다. 하루 세 끼는 발우공양을 하며 점심때에는 가사장삼을 다 갖춰 입은 채 공양에 참여한다. 수좌들이 정진 방법과 시간을 스스로 선택하는 자율정진도 일절 없다. 1981년에는 평생 동안 바깥 출입을 않고 정진하는 종신수도원을 개설해 9명의 스님이 공부한 적도 있다. 그야말로 화두 하나에 모든 걸 걸고 사는 삶이다.

이번 동안거에 참여한 스님은 모두 27명. 50년 이상 정진한 원로에서부터 선방 경력 5년차까지 다양한 수좌들이 모였다. 그 가운데 새로 방부를 들인 사람은 13명뿐이다. 선방의 수용 한계 때문에 방부를 모두 받지 못하는 실정이라 입방入房심사가 불가피하다. 인각 스님은 "기준이 따로 있는 게 아니라 정진 잘하는 것이 우선"이라고 했다.

인각 스님은 올해 동안거에 즈음해 금어선원의 100여 년 역사에서 처음으로 납자 아닌 외부인에게 선방을 공개했다. 불교계 매체와 일반 언론의 동안거 취재를 허락한 것인데, 스님은 "모든 것이 빠르게 변하고 있는 시대에 변하지 않는 그 무엇이 있음을 보여주고 싶었다"고 했다. 아울러 "참선공부엔 출가·재가가 따로 없다"며 "대의지하 필유대오(大疑之下 必有大悟·크게 의심하면 반드시 크게 깨달음)"라고 강조했다. 선법禪法은 필기도구도, 공책도 필요 없는 공부이므로 마음 있는 이는 누구나 하면 된다는 것. 간절하게 발심해 마음으로 공부하면 반드시 견성見性한다는 얘기다.

동산 스님의 제자인 능가 스님을 은사로 범어사에서 머리를 깎은 인각 스님은 강원을 졸업한 뒤 소임을 맡아보는 이른바 '사판'의 길에 들어섰다가 '이게 아니다' 싶어 걸망을 메고 12년간 철

마다 선방을 옮겨 다니며 참선했다. 그 뒤 금어선원으로 와 20년 이상 납자들의 공부를 이끌며 정진해왔다.

변하지 않는 것은 그 무엇인가···

오전 10시, 경내 보제루에서 결제법회가 열렸다. 금어선원 외에 대성암에서 안거하는 비구니 45명, 재가선원에서 동안거에 든 여성 신도 55명도 자리를 함께했다. 법상에 오른 범어사 조실 지유 스님은 "지혜 없이 화두만 들어서는 공부를 마치지 못한다"면서 "지혜와 행이 구비된 참선, 즉 계정혜戒定慧를 두루 갖춰야 한다"고 강조한다. 모래로 밥을 지을 수 없듯이 지혜와 실천 없이 참선만으로는 뜻을 이룰 수 없다는 얘기다. 동산 스님을 은사로 열여덟 살 때 출가한 지유 스님은 봉암사를 비롯한 전국의 선원에서 수십 차례 안거한 선승이다. 교통사고로 다쳤을 때 마취제를 맞지 않고도 수술을 받고 꿰맨 채 바로 걸어 다녀 주위를 놀라게 했다고 한다.

"사람들이 자기 상(相·나라는 존재에 대한 집착) 때문에 보배를 눈앞에 두고도 못 봅니다. 학자든 수행자든 권력자든 나름대로 다 자기 상을 갖고 있습니다. 그럴 땐 어떻게

해야 할까요. 선을 통해 해결책을 찾아야 합니다. 불법은 자기 모습이요 그 모습을 보도록 가르친 것이 불교인데, 자기의 모습이란 바로 자기 마음입니다. 모든 사람이 갖고 있는 부처님과 같은 맑은 마음을 알면 문제는 다 해결된 것입니다."

흔히 말하듯 마음은 거울과 같다. 어떤 사물이라도 있는 그대로 비추는 거울처럼 맑은 마음을 원래 갖고 있는데 그 모습을 스스로 보지 못하는 것은 거울에 먼지가 낀 것처럼 놀라고 걱정하고 불안한 생각들과 욕심, 감정 등이 굴곡을 만들기 때문이라는 것이다. 지유 스님은 "굴곡(망상)이 가라앉아 거울(마음)이 사물을 있는 그대로 비출 수 있을 때까지 기다려야 한다"고 설명한다. 다만 참선을 하면서 깨달아야 한다거나 고요해져야 한다는 생각에 얽매이면 그것이 또 다른 굴곡을 만들고 정진을 방해한다고 노장은 지적한다. 예를 들어 눕지 않는다는 생각에

매이는 순간 진정한 장좌불와長坐不臥가 아니라는 얘기다.

"선은 의심이 해결될 때 확연히 드러나는 것이지만 간화선만이 최고라고 하는 건 옳지 않습니다. 기도든 주력이든 간화선이든 다 됩니다. 자기가 하는 것만 최고라고 해서는 안 되지요. 허공의 달을 보기 위해 손가락에 의지하는 것인데, 손가락만 갖고 이게 최고라고 해서야 되겠습니까."

노장은 "선은 본성을 밝히는 것"이라며 "같은 말을 듣고도 어떤 이는 깨닫는데 어떤 이는 못 깨닫는 것은 학문과 지식 속에서 듣기 때문"이라고 지적한다. 머릿속에 든 지식으로 이리저리 재고 비교하는 사량분별로는 깨달음의 세계를 볼 수 없다는 것이다. 노장은 "내 부모를 죽인 원수를 갚겠다는 독한 마음으로 분심憤心을 내어 공부해야 선은 드러난다"며 "알 수 없는 그 무엇을 찾는 지극한 마음을 가지라"고 했다.

범어사 경내 곳곳의 대숲에 바람이 인다. 동산 스님은 1927년 하안거를 마치고 선원 동쪽의 대숲을 거닐다가 바람에 부딪히는 댓잎 소리에 마음이 열렸다고 했다. 모든 것이 머무름 없이 변하는 가운데 변하지 않는 것은 그 무엇인가. 알 수 없는 그 무엇을 찾는 지극한 마음은 어디서 찾을 것인가. 대숲은 대답 대신 서걱대기만 한다.

삶은 꿈, 그 실체를 보라
04 상 원 사 　청 량 선 원

"이제 불을 지르시오."

"스님, 이러시면 어떡합니까?"

"나는 부처님의 제자요. 당신이 군인의 본분에 따라 명령에 복종하듯이 절을 지키는 것은 나의 도리요. 나야 죽으면 어차피 다비에 붙여질 몸이니 내 걱정은 말고 어서 불을 지르시오."

선우휘의 소설 '상원사'에 나오는 한 대목이다. 한국전쟁이 한창이던 1951년 강원도 오대산 상원사上院寺 법당에서 한암(漢岩 · 1876~1951) 스님과 사찰 소각 명령을 받은 국군 정훈장교 사이의 대화다. 결국 국군 장교는 법당 문짝만 떼어내 소각하는 시늉만 하고 돌아갔고, 상원사는 소실燒失 위기를 넘겼다. 그때 만약 한암 스님이 목숨을 걸고 지키지 않았더라면 문수전의 목조문수동자상(국보 제221호)과 그 몸통 안에 모셨던 복장유물(보물 제793호), 국내 최고最古의 동종(국보 제36호) 등 귀중한 문화재는 한 줌 재로 변해버렸을 터. 생각만 해도 아찔한 일이다.

지혜의 상징 문수보살과 함께하는 구도 열기··

월정사에서 비포장길을 8킬로미터가량 달려서야 닿는 강원도 평창군 진부면 동산리 상원사. 한암 스님이 목숨 걸고 지키지 않았더라면 잿더미가 됐을 뻔한 신라 고찰이, 오대산의 주봉인 비로봉에서 뻗어 내린 산줄기가 마지막으로 멈춘 곳에 늠름히 서 있다. 오대산 품안에 깊숙이 들어앉아 있으면서도 앞이 확 트여 기운이 활달하다. 월정사 초입부터 반겨주던 아름드리 전나무들의 기상은 상원사에 와서도 여전하다.

상원사가 처음 창건된 것은 신라 성덕왕 때다. 삼국유사에 따르면 신문왕의 아들이었던 보천寶川과 효명孝明이 오대산에 들어와 지극한 마음으로 수행정진하다가 중대中臺에서 비로자나불을 비롯한 1만 문수보살을, 동대에서는 1만의 관세음보살을, 남대에서는 1만의 지장보살

청량선원으로 들어가는 문

문수동자상을 모신 문수전. 계단 왼편에 고양이상이 보인다.

을, 서대에서는 아미타불을 비롯한 1만의 대세지보살을, 북대에서는 석가모니불을 비롯한 500명의 아라한을 친견했다고 한다. 또한 매일 새벽이면 문수보살이 지금의 상원사 터에서 불탑과 금종·만등 등의 36가지 형상을 나타내 보여 두 왕자는 차를 달여 문수보살에게 공양했다고 한다. 훗날 효명이 성덕왕이 되어 재위 4년 만인 705년 그 자리에 '진여원眞如院'을 세우고 문수보살을 모셨으니 이곳이 바로 상원사다.

오대산이 문수도량으로 자리 잡은 건 이보다 앞선 자장율사 때부터다. 신라 선덕여왕 5년(636년) 당나라로 건너가 공부하던 자장율사는 중국 오대산에서 기도하던 중 노승으로 현신한 문수보살로부터 가사와 발우, 석가모니의 정골頂骨사리 등을 받고 "너희 나라 동북방 명주 땅에 오대산이 있는데 그곳에 1만 문수보살이 상주하시니 가서 뵙도록 하라"는 말을 듣고 돌아와 오대산의 주봉인 비로봉이 있는 중대에 진신사리를 모시고 643년 월정사를 창건했다. 또한 주위 다섯 봉우리마다 암자를 세웠으니 중대 사자암, 서대 염불암, 동대 관음암, 북대 미륵암, 남대 지장암이 불국토를 이뤘다. 이 때문에 보천·효명 태자가 적멸보궁이 있는 오대산에서 수행했고 문수보살을 친견했던 것은 아닐까.

이처럼 문수성지로 이름 높은 상원사도 고려 말엔 매우 황폐했던 모양이다. 나옹懶翁선사의 제자인 영령암英靈庵스님은 오대산을 두루 다니다 터만 남은 상원사를 보고 1377년 가을 중창불사를 끝냈다. 그리고 그해 겨울에 선객 33명을 모아 10년 결사를 시작했는데 5주년 기념 법회에서 승당의 불상이 방광放光을 하고 향내를 풍겼다고 한다.

나옹대(위)와 관대걸이

조선시대에 와서 상원사는 억불정책 속에서도 오히려 더 발전했다. 태종은 사자암을 중건했고 세조는 부스럼병을 치료하기 위해 오대산에 와서 상원사 인근 계곡에서 목욕하다 문수동자를 만나 병이 말끔히 나았을 뿐만 아니라 상원사 고양이 덕분에 자객의 습격까지 피했다. 이런 인연으로 세조는 상원사를 원찰로 삼고 중창불사에 들어가 나한전·누각·청련당·재주실齋廚室 등을 짓고 재주실을 승당僧堂과 선당禪堂으로 삼았다. 또한 정진에 필요한 의발

衣鉢과 좌구坐具 등을 하사해 52명의 납자들이 참선했다고 한다.

　세조가 목욕할 때 의관을 걸었다는 버섯 모양의 관대걸이가 상원사 초입을 지키고 있다. 널찍한 돌계단을 올라 상원사에 오르니 문수전 앞에 세운 한 쌍의 고양이 석상과 법당인 문수전에 모신 문수동자상이 옛일을 되새긴다. 정면 8칸·측면 4칸의 'ㄱ'자형 건물인 문수전은 2001년까지만 해도 안거철이면 청량선원淸凉禪院의 선방으로 사용돼 결제 기간에는 일반인은 물론 신자들의 참배도 금지됐다. 독립된 선방도 없이 마당에서 기웃거리고 떠드는 사람들의 소음을 견뎌야 하는 처지였지만, 지혜와 깨달음을 상징하는 문수보살을 모신 곳에서 달아올랐을 납자들의 구도열이 전해오는 듯하다.

수행자의 표상, 한암 스님의 가풍이 흐르는 곳····

　도량 전체에 '오대산 도인'으로 불렸던 한암 스님과 역대 선지식들의 선풍이 굳건하게 흐른다. 한국 선불교의 중흥조로 추앙받는 경허 스님을 비롯해 수월 운봉 동산 스님 등이 이곳에서 수행한 선지식들이다. 특히 1926년 서울 봉은사 조실로 있던 한암 스님은 일본총독부의 협조 요청에 "천고에 자취를 감춘 학이 될지언정 삼춘三春에 말 잘하는 앵무새의 재주는 배우지 않으리라"며 상원사에 온 뒤 근 30년을 동구불출洞口不出했다. 탄허 석주 효봉 서옹 고암 월하 지월 고송 범룡 스님 등 훗날 한국 불교를 이끈 선지식들의 발길이 끊이지 않았던 것은 한암 스님이 있었기 때문이다. 수행공간이라곤 법당인 문수전과 조그만 전각 몇 채가 전부였고 감자밥으로 끼니를 때웠지만 안거 때마다 40~50명, 많을 땐 80여 명이 정진했다고 한다. '북방제일선원'이라는 말이 그래서 나왔다.

"한암 스님은 계정혜戒定慧를 두루 갖춘 분으로 수행자의 표상이셨다고 합니다. 함께 모시고 수행한 분들 가운데 그분의 허물을 말하는 분이 없어요. 대성자大聖者도 평상의 여일한 삶이 중요한데 한암 스님은 일상의 모습이 보통 사람과는 달랐답니다. 행주좌와行住坐臥의 행동이 늘 여법如法했던 것이지요. 한국전쟁 때 기총사격을 받고서도 담담하게 여여부동如如不動하셨다니…. 한암 스님 문하에서 참선하며 화엄경을 배운 범룡 스님(전 조계종 전계대화상·2005년 입적)도 '같이 감자 캐며 살았지만 허물을 지적할 수 없는 분이었다. 지나고 보니 그런 도인이 없더라'고 하셨어요. 신자들에겐 다정하고 온화·자상하셨지만 수행자에겐 한없이 냉정하고 엄하셨다고 해요. 1936년 강원도 3본산인 유점사, 건봉사, 월정사의 스님들을 선발해 공부시키는 승려수련소가 상원사에 설치돼 30여 명이 공부할 때 몇몇 스님들이 인근 신선골 산판 주막에서 농주를 마시고 오자 대중 앞에서 회초리를 들고 종아리를 때리셨답니다."

월정사 주지 정념(51) 스님의 말이다. 불교계에서 '오대산' 하면 한암 스님을 떠올리는 이유를 알 만하다. 정념 스님은 1983년 소임자의 무성의와 열악한 살림살이 등으로 인해 문을 닫았던 청량선원의 문을, 1992년 상원사 주지를 맡으면서 열었던 인물이다. 13년 동안 상원사 주지를 맡으면서 안거 철엔 수좌들과 함께 선방에서 정진했던 정념 스

청량선원

님은 "선원 문을 다시 열 땐 어려웠지만 지금은 북방제일선원으로서의 위상을 되찾았다"고 평가한다. 다른 선원에 비해 오래 수행한 구참 납자가 많아 분위기가 안정돼 있다고 한다. 한암 스님의 가풍을 이어받아 선원 청규도 엄격하다.

'반산림(안거의 반이 지난 것) 등산과 자유정진은 하지 않는다. 개인적인 포행은 북대와 산장山牆다리를 지나지 못한다. 안거 중에 사무실, 중대, 후원의 출입을 금한다. 안거 중 개인 차는 가져오지 못한다. TV · 신문 · 잡지는 보지 못한다. 안거 중 정진 시간은 오전 3시부터 오후 10까지로 한다. 입방자는 비구계를 수지한 자로 3안거 이상 성만한 자로 제한한다. 안거 중 청규를 위반한 자는 자진 퇴방한다.'

그런데도 안거 때마다 수좌들이 몰려든다. 이곳에서 2년간 수행했다는 동덕同德 스님은 "전국의 선원 가운데 방부(입방신청서)를 들이기 가장 어려운 곳이 청량선원"이라며 "지금은 전화로 미리 예약을 하지만 1990년대 초반까지만 해도 선착순으로 받았기 때문에 해제 전날 저녁에 다른 선방에서 택시를 타고 달려오는 사람도 적지 않았다"고 전한다. 동덕 스님은 지리산 칠불사에서 상원사 주지 나우 스님과 3년 결사를 포함해 만 4년을 정진하다 상원사 선방으로 왔다.

법당인 문수전에서 더부살이하던 선원이 2002년 문수전 오른편에 150평 규모의 새 건물을 지어 독립한 뒤로는 수행 여건이 한결 나아졌다. 높은 산중에 있어서 여름에도 청량할 뿐만 아니라 땅의 기운도 더없이 좋다고 경험자들은 한결같이 말한다. 부처님 진신사리를 모신 적멸보궁이 가깝다(1.4킬로미터)는 것도 장점이다. 동덕 스님은 "보궁을 등에 업고 정진하니 도가 저절로 닦이는 것 같다"고 했다.

"급히 달려가는 인생에서 잠시 쉬어가는 게 수행" ··

그렇게 수좌들의 정진 열기로 가득하던 청량선원도 지금은 해제철이라 한적하다. 동덕 스님의 배려로 일반인의 출입이 금지된 선원 문턱을 넘어서자 정적뿐이다. 선방 댓돌에 놓인 신발 한 짝이 인기척을 대신한다. 마침 그 신발의 주인마저 포행에 나서자 선방은 그야말로 무인지경이다. 동덕 스님을 따라 들어서자 왼쪽 벽 위의 용상방龍象榜이 하안거의 흔적으로 남아 있다.

용상방이란 안거에 참여한 수좌들의 역할 분담표이다. 수좌들의 공부를 지도하는 조실과 회주會主, 수행경력과 공부의 경지가 높은 선덕禪德, 선방 내 규율과 기강을 세우는 입승立繩, 난방을 담당하는 화대火臺, 차와 과일을 담당하는 다각茶角…. 선방에서는 누구도 소임 없이 지내지 않는다고 한다. 전국의 선방에서 67차례나 안거를 한 우담 스님, 덕숭총림선원인 정혜사 능인선원의 어른인 설정 스님도 지난 하안거 용상방에 이름을 올렸다.

나우 스님

새벽 3시부터 밤 10시까지 하루 10시간 이상 정진하는 꽉 짜인 생활. 그러면서도 여유를 잃지 않는 것이 선원의 풍경이다. 그래서일까. 청량선원 선원장이자 상원사 주지인 나우(懶牛·45) 스님은 "공부란 게 별 거 있습니까. 그냥 지낼 뿐이지요"라며 말을 아낀다.

"수행을 너무 신비화할 필요는 없습니다. 100미터 달리기 하듯 달려가는 인생에서 잠시 쉬어가는 게 수행이지요. 생각을 놓고 쉼으로써 지나온 삶과 지금의 위치, 앞으로 나아갈 방향 등을 보게 됩니다. 깨달음은 로또복권에 당첨되는 것처럼 어느 날 갑자기 오는 것이 아니요, 확철대오란 안 보이던 것이 갑자기 보이는 게 아닙니다. 수행은 삶을 보다 아름답게 하고 함께 잘 사는 데 의미를 둬야 합니다."

북대 미륵암

　말은 쉽게 하지만 나우 스님은 20년가량을 선방에서 보낸 정통 수좌다. 지리산 칠불사에서 3년 동안 동구불출洞口不出하며 정진했고 이곳 청량선원에서만 8년을 수행했다. 나우 스님은 "불교는 아무것도 아닌 것에 고통스러워하는 사람들에게 고苦의 실체를 보여주는 것"이라며 무아無我와 연기緣起의 이치를 설명한다. 고통은 끝없는 탐욕에서 오고 그 탐욕은 '나'라는 존재가 있기 때문에 생긴다. 그러나 '나'의 실상은 없다. 존재하는 모든 것은 관계 속에서 존재할 뿐 홀로 존재하는 것은 없다. 그러니 내가 있겠는가, 고통이 있겠는가.
　청량선원에서 나와 오대산에서 가장 높은 수행처인 북대北臺와 너와집으로 지은 수행처인 서대西臺를 순례한다. 북대와 서대는 20명이 수행하는 청량선원과 더불어 오대산의 중요한 수행처소다. 안거 때면 북대엔 5명, 서대엔 1명이 공부에 동참한다. 북대와 서대를 거쳐 비구니 선원인 지장암 기린선원으로 내려오자 다시 월정사 근처다. 그러고 보니 상원사 청량선원뿐만 아니라 오대산 전체가 선방이요, 수행도량이다. 안거 때면 청량선원과 기린선원, 육수암선원, 북대, 서대 등에서 80여 명이 깨달음의 길로 내닫는다. 일주문으로 향하는 숲길, 오대산의 기상처럼 쭉쭉 뻗은 전나무들의 몸짓이 힘차다.

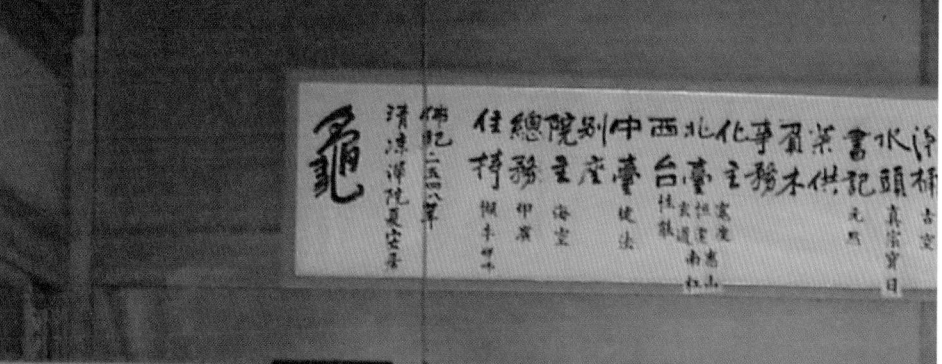

해제철인데도 청량선원에서 정진중인 동덕 스님

구도의 뜨거운 눈물로 무릎을 적셔라

05 서귀포 남국선원

· · · · · "하안거 소식이 여하如何신고?"

"아직 밥값을 못했습니다."

하안거가 끝나는 날 아침 제주도 서귀포시 상효동의 한라산 남쪽 자락에 있는 남국선원南國禪院. 선원장 혜국(慧國·57) 스님이 무문관無門關의 쪽문(공양구)을 열고 안쪽의 수좌와 짧은 문답을 나눈 다음 다시 문을 닫았다. 무문관 안의 수좌는 이번 하안거 해제일에도 나올 생각이 없는 모양이다. 문을 잠근 채 외부와 일절 단절하고 면벽한 지 여러 해. 몸도 마음도 지칠 만 하건만 자기와의 한 판 승부를 끝내기 전에는 문을 열고 나오지 않을 태세다.

혜국 스님은 "무문관 때문에 인심 다 잃게 생겼다"며 혀를 끌끌 찬다. 1명씩 들어갈 수 있는 방 7개로 구성된 무문관에 들어오려는 사람은 많고, 나가는 사람은 거의 없어 해제 때가 되면 입방入房 문의가 빗발치기 때문이다. 원래 무문관 수행기간은 1년이 기본이지만 3년째인 스님이 둘, 4년째인 스님도 한 명 있다. 무문관 위층의 일반선원에서 정진하거나 무문관 수행자들의 밥을 나르며 무문관 입방을 기다리는 스님들도 있다. 벌써 4~5년 후까지 예약돼 있다고 한다. 그러나 이번 하안거 해제에도 무문관에선 아무도 나오지 않았다. 그러니 다른 스님들이 혜국 스님에게 "다음 안거에는 넣어주기로 하시지 않았느냐"며 항의할 수밖에….

자신을 가둔 이의 더 큰 자유

무문관이란 '문 없는 문의 빗장' 또는 '문이 없는 관문'이라는 뜻. 중국 송나라 무문혜개無門慧開 선사가 48개의 공안(公案·화두)을 모은 책 '무문관'에서 비롯된 말로 문을 바깥에서 걸어 잠근 채 스스로를 가두고 수행하는 곳을 이른다. 흔히 스님들은 훌륭한 스승과 뜻이 맞는

선원으로 들어가는 문

남국선원의 뒷모습. 아래층의 작은 문이 공양구다.

도반(道伴·함께 수행의 길을 걷는 이), 공부하기 좋은 도량을 수행에 필요한 조건으로 꼽는다. 물론 깨달음을 목표로 하는 수행은 궁극적으로 '무소의 뿔처럼' 홀로 가는 길이겠지만, 흔들리거나 지치고 힘들 때 가장 힘이 되는 존재는 옆에서 함께 정진하는 도반이라고 한다. 그런데도 이 모든 걸 물리치고 혼자 좁은 방에서 긴 시간을 보낸다는 건 웬만한 각오와 발심으로는 상상하기 어려운 일이다. 감옥에서도 제일 큰 벌이 다른 수인들과 차단시켜 독방으로 보내는 것이라지 않는가.

국토의 최남단 제주 서귀포에 남국선원이 문을 연 것은 1977년. 혜국 스님이 성철 스님의 말을 듣고 발심해 선방을 조성했다. 어느 날 성철 스님은 제주도 출신인 혜국 스님에게 "니 고향에는 절이 없제?"라고 물었다. 혜국 스님이 "100개도 넘어요"라고 했더니 성철 스님은 "선

남국선원의 앞모습. 무문관 수행자를 위한 운동공간이 마련돼 있다.

방도 없는 기(게) 무신(무슨) 절이고?"라며 힐난했다고 한다. 제주도에 선원을 만들어야겠다고 결심한 혜국 스님은 망원경을 갖고 제주도 일주도로를 샅샅이 훑은 끝에 지금의 선원 터를 구해 대웅전 자리에 토굴 형식의 선원을 마련했다. 그리고 1994년에는 법당과 선원을 새로 지어 선원 2층에는 일반선원을 마련했고, 1층과 일반선원 좌우편에는 7명이 수행할 수 있는 방 7개를 마련해 무문관 선원을 개설했다. 대웅전 맞은편에는 스님과 신자들이 한 도량에서 정진할 수 있도록 상설 시민선방도 열려 있다.

"무문관에선 하루 한 끼만 먹는 일종식一種食과 묵언默言이 원칙입니다. 점심 한 끼만 쪽문을 통해 넣어줘요. 들여보낸 밥그릇이 다음날 나오지 않으면 삼매에 들었거나 몸에 이상이 생겼거나 둘 중 하나지요.

몸이 아프거나 필요한 게 있으면 쪽문 앞에 쪽지를 적어 내놓습니다. 일반 서적은 물론 경전도 들여갈 수 없어 무문관에선 시간마저 정지된 느낌이지요. 들어가서 4~5개월쯤 지나면 계절을 짐작하기도 어려워요. 새소리, 꽃향기로 가는 세월을 짐작할 뿐…."

머슴새가 울면 1월이고 밀화부리와 꾀꼬리가 울면 5월이다. 목련은 4월에 꽃망울을 터뜨리고 찔레꽃 향기가 코끝을 스치면 5월이다. 도시에 사는 이들이야 온갖 소음과 냄새에 젖어 살므로 둔감하지만 절집에선 작은 소리와 냄새에도 민감하다. 안거철 선방 수행자들은 더욱 그렇다고 한다.

선원은 대웅전 왼편의 '출입금지' 팻말을 지나 호젓한 솔숲길로 잠시 걷다 보면 나타난다. 목조 양식의 콘크리트 건물인데, 바다를 향해 탁 트인 전망이 기막히다. 그런데 선원 아래층 정면으로 길쭉하게 콘크리트 담장을 둘러치고 방별로 칸막이를 해놓았다. 두 평 남짓한 무문관에 갇혀 있다 보면 운동량과 일조량이 부족해 몸이 약해지고 피부병에 걸리기 쉽기 때문에 햇볕을 쬐며 포행할 수 있도록 공간을 마련해놓은 것이다. 칸막이 안의 모습이 궁금해 몇 걸음 다가섰더니 이내 안쪽에서 "어흠~" 하는 경고음이 들려온다. 무문관의 수좌가 바깥세상과 소통하는 창구는 오로지 밥과 쪽지를 주고받는 공양구뿐이다. 문만 나서면 온통 숲이요 바다요 자유로운 세상이지만 수좌는 저 손바닥만 한 무문관에서 더 큰 자유를 누리고 있는지도 모르겠다.

번뇌와 망상을 부처로 만들어라

무문관 위층의 일반선원에는 해제일인데도 한 수좌가 바다 쪽을 향해 정좌한 채 정진중이다. 외부인이 들어오는 소리가 들렸을 것 같은데도 수좌는 아는지 모르는지 바위처럼 앉아 있다. 삼매에 빠진 것일까. 카메라 셔터 소리도 방해가 될 것 같아서 멀찍이서 '노 플래시'로 한 장 찍고 얼른 선방을 빠져나왔다. 일반선원에서는 이번 하안거에 18명이 정진했다고 한다. 대웅전 맞은 편, 바다가 보이는 경치 좋은 곳에 통유리로 창을 낸 시민선방에선 56명이 방부를 들여 정진했다니 도량 전체를 감싼 수행의 열기를 짐작할 만하다.

"화두는 그냥 지켜보는 것이 아니라 빠득빠득 애를 쓰고 용을 써야 성성惺惺해져요. 주린 사람 밥 찾듯이, 목마른 이 물 찾듯이, 돈 잃은 이가 돈 가방 찾듯이, 외아들 잃은 어미가 자식 생각하듯이 간절하게 챙겨야 합니다. 그런 간절함과 노력이 쌓여야 어느 순간에 화두가 탁 터지는 겁니다. 공부가 되느니 안 되느니 하는 소리는 그렇게 공부해본 다음에 해야 돼요. 화두와 신심은 비할 바 없는 보물인데 그걸 잘 몰라요."

혜국 스님

실제로 혜국 스님의 삶은 치열한 수행 그 자체였다. 열세 살 때 해인사에서 일타 스님(1919~1999)을 은사로 출가한 혜국 스님은 21세 때 반드시 성

불成佛할 것을 다짐하며 해인사 장경각에서 오른손 손가락 3개를 태워 부처님께 공양했다. 3년을 해도 화두가 되지 않아 참선을 그만두겠다고 했다가 성철 스님한테 혼쭐이 난 뒤 장경각에서 삼칠일(21일) 두 번 동안 하루 5,000배씩을 한 뒤였다. 이후 태백산 도솔암에서 2년 7개월 동안 솔잎과 쌀로 생식을 하며 장좌불와長坐不臥를 했고, 성철 구산 경봉 스님 등 당대의 선지식들을 찾아다니며 대승사 봉암사 칠불사 도성암 등에서 정진했다. 도솔암 시절 졸음을 견디기 위해 천장에 밧줄을 묶고 고리를 만들어 턱에 걸어놓기도 했고, 성철 스님한테 얻은 쇠발우에 물을 담아 머리에 이고 있기도 했다.

"별 짓을 다 했지요. 졸다가 까딱하면 발우가 떨어지면서 물을 엎지르는데 어떤 때에는 잠깐 사이에 열댓 번씩 떨어져요. '글공부를 이렇게 했으면 벌써 뭐가 됐을 텐데' 싶어 그만둘 생각도 나고…. 절망도 많이 했고 좌복에 눈물도 여러 번 떨궜어요. 그러던 어느 날 화두를 들었는데 쇠발우의 물을 쏟지 않고 어느새 하루가 지났어요. 얼마나 기뻤던지…."

혜국 스님은 "화두 참선의 참맛을 알려면 구도의 뜨거운 눈물로 무릎을 세 번은 적셔봐야 한다"고 강조한다. 몇 십 년 붓글씨를 써봐야 명필이 되듯이 한 번의 참절을 위해서는 만 번의 헛절을 해야 하고 한 번의 참화두 의정을 일으키려면 무수한 헛화두를 해야 한다는 얘기다. 혜국 스님은 "요즘 참선하는 사람들은 빨리 도를 이루려고 서두르다 보니 너무 급하다. 도를 그렇게 빨리 얻을 수 있으면 누군들 얻지 못하겠는가"라며 쉼 없이 정진할 것을 주문한다.

"화두라는 것은 말이 나오기 전의 소식입니다. 조주 스님이 '정전백수자(庭前栢樹子·뜰앞의 잣나무)'라고 했을 때 그 말이 화두가 아니라 그 말을 하기 전에 그 마음속에 있던 뜻이 화두예요. 그걸 조사 스님들이 이미 다 보여줬는데도 사람들이 보지를 못하니까 어떻게 해야 합니까. 마음의 눈을 떠야지요. 그 방법이 바로 의정, 의심입니다."

그러나 화두를 들고 의정을 일으키는 게 쉽지는 않을 터. 여차하면 졸음이 쏟아지고 망상이 꼬리를 물면서 공부를 방해한다. 정신을 가다듬고 다시 또 해보지만 망상은 쉽사리 떨어지지 않고 온갖 잡생각과 욕망이 꿈틀댄다. 어떻게 하면 좋을까. 혜국 스님은 "번뇌 망상과 화두가 따로 있는 게 아니니 번뇌 망상을 화두로 돌리는 법을 배우라"고 했다. '번뇌가 곧 보리'라는 말이 있듯이 번뇌 망상을 화두로 돌려 부처로 만드는 것이 참선법이라는 것이다. 그러므로 일어나는 번뇌 망상을 없애려고 할 것이 아니라 일어나는 번뇌 망상을 가지고 '왜' '어째서' 하고 살피고 나아가면 '왜'도 없어지고 '어째서'도 없어지면서 의정만 남게 된다고 혜국 스님은 설명한다.

내 마음의 주인이 되어 살았던 적이 얼마던가··

"이 몸뚱이가 그릇이라면 그 안에는 생각이라는 물이 들어 있어요. 그릇에 흙탕물이 가득할 땐 그 찌꺼기가 보이지 않는 것처럼 우리 생각에도 쓸데없는 정보를 자꾸 집어넣으면 망상 번뇌가 보이지 않습니다. 그러나 흙탕물을 가만 놔두면 가라앉아서 맑아지는 것처럼 화두는 망상 번뇌를 볼 수 있도록 해주지요. 망상 번뇌는 밖에서 들어온 게 아니라 내 속에 있으면서 주인행세를 하기 때문입니다."

번뇌 망상을 화두로 돌리면 가는 곳마다 주인이 될 수 있고 육신과 감정에 휘둘리지 않게 된다는 말씀이다. 혜국 스님은 "세간에선 얼짱, 몸짱이 유행하는 모양인데 이런 사람들은 단지 자기의 껍데기를 사랑할 뿐"이라며 "정말로 나를 사랑하는 것은 눈을 뜨고 바로 보기 위해 참선을 하는 것"이라고 설파한다. 스스로의 삶을 돌아볼 때 내가 내 마음의 주인이 되어 살았던 적이 얼마나 있었던가. 감정과 욕망의 덩어리인 몸뚱이가 먹을 것을 달라면 먹여주고, 화를 내 달라고 하면 불같이 화를 내주며 망상 번뇌가 나의 주인 노릇을 하며 살지 않았는가. 혜국 스님은 "인간으로 태어나 가장 아름다운 일은 내 마음 농사를 잘 짓는

것"이라며 "자기 안에 있는 욕망과 시기·질투·번뇌·망상을 화두로 돌려 마음속에 잠들어 있는 부처를 깨우라"고 거듭 강조한다.

참선이 썩은 세상을 바로잡는 데 기여할 수 있느냐는 물음에 혜국 스님은 "세상은 전에도 지금도 썩은 바 없으며 썩은 것은 바로 사람들의 마음"이라고 일갈했다. 마음을 맑게 하는 데서 세상을 구하는 길이 열린다는 얘기다. 선원 앞에 선 야자수 한 그루가 깨달음을 향한 납자들의 서원처럼 늠름하다.

마음 하나는 다 놓았다 다 들어올려야지

06 백 담 사 무 금 선 원

· · · · · 지게를 진 사미승 둘이 무설전無說殿 뒤편으로 난 오솔길을 잰걸음으로 오른다. 지게에 놓인 것은 보온통에 담긴 도시락. 밖에서 문을 걸어 잠근 채 폐문정진閉門精進하는 무문관無門關 수행자들을 위한 하루 한 끼의 공양물이다. 도시락에 담긴 것은 한 공기 남짓한 분량의 밥과 국, 나물 몇 가지, 과일 한 개와 우유 한 통이 전부다.

사미승들이 절에서 150미터가량 떨어진 무문관에 도착하면 오전 11시. 가로 1칸·세로 2칸의 좁은 공간

에 자신을 가두고 있던 무문관 수행자들이 외부와 소통하는 유일한 시간이다. 방마다 외부와 통하는 조그만 '공양구供養口'가 열리면 이곳으로 밥을 넣어준다. 주는 사람도 받는 사람도 말은 없다. 단지 침묵만 있을 뿐….

지금 이 순간이 중요하다 · · · · ·

강원도 인제군 북면 용대리 백담사百潭寺 무금선원無今禪院. 큰절에서 계곡을 왼편에 끼고 위쪽으로 150미터가량 떨어진 곳에 있는 무문관은 3채의 목조기와 건물이 'ㄷ'자 모양으로 배치된 구조다. 각각의 건물은 면벽참선하듯이 문이 모두 산이나 계곡으로 향한 채 등을 돌리고 있고, 'ㄷ'자의 오른편 둔덕에 '無今禪院'이라는 편액을 단 원통전이 있다. 3평가량의 무문관은 방과 화장실, 간이 샤워기가 설치된 세면대로 구성된다. 방에는 작은 냉장고도 한 대 있다. 지금은 눈이 발목까지 덮인 한겨울, 바람을 막기 위해 창문에 비닐까지 덧씌워 놓았으니 방 안은 더욱 좁고 답답해 보일 것이다. 하지만 그 안에서 무슨 일이 일어나고 있는지는 아무도 알 수 없다.

현재 이곳에서 수행중인 사람은 모두 11명. 선원장 신룡(神龍 · 51) 스님만 제한된 범위에서 외부와 소통할 뿐 나머지 10명은 철저히 폐문정진중이다. 한 번 들어가면 1년에서 3년, 길게는 6년씩 스스로를 가두고 산다. 밖에서 문을 잠갔기 때문에 도중에 견디지 못하고 나가려 해도 나갈 수도 없다. 왜 이런 고생을 사서 하는 것일까.

"좁은 방에서 자신과 싸우는 동안 거대한 우주의 진리와 하나가 되는 시간에 가까이 가게 되는 것이겠지요. 수행하는 사람에게 깨달음이 없다는 것은 갇혀 있는 것이며 죽음과 같은 것이기에 깨닫기 전에는 문 밖으로 나오지 않겠다는 각오로 스스로 문을 잠그는 것입니다."

신룡 스님의 설명이다. 무문관은 1965년 도봉산 천축사에서 두문불출로 정진할 무문관 선원을 6년간 운영하면서 폐문정진의 수행법으로 자리 잡았다. 눕지 않고 참선하는 장좌불와長坐不臥, 잠자지 않고 수행하는 용맹정진과 함께 가장 어려운 수행법의 하나로 손꼽힌다.

무문관에 들어갈 땐 오로지 맨 몸이다. '선요' '서장' '몽산법어' 등 수행을 점검하기 위한 서책 정도 외에는 아무것도 갖고 들어갈 수가 없다. 하루 한 끼의 식사로 몸을 유지하며 모든 것을 혼자서 해결해야 하는 만큼 어려움이 많을 수밖에 없다. 몸 관리를 잘못하면 위가 냉해지거나 기氣가 머리로 몰리는 상기병, 식사량이 적은 데 따른 변비 등으로 고생한다. 방이 좁아 포행보다는 하루 두 차례씩 원통전을 향해 108배를 한다고 신룡 스님은 귀띔한다. 건강이 악화될 경우 공양구로 쪽지를 내보내면 한약이나 생식을 넣어주기도 한다. 무엇보다 힘든 것은 고립된 상태에서 오는 외로움이다. 처음엔 대단한 각오로 시작해도

짧게는 일주일, 길게는 한 달이면 고독감이 몰려온다고 경험자들은 전한다.

이 때문에 무금선원 무문관에는 출가한 지 20년 이상의 구참 납자라야 발을 들일 수 있다. 조계종 총무원장을 지낸 정대 스님을 은사로 수원 용주사에서 머리를 깎은 승랍 34년의 신룡 스님은 1999년부터 3년간 이곳 무문관에서 폐문정진했다. "혼자 아무것도 의지하지 않고 선정락禪定樂에 들고, 몸 조절을 할 수 있으며 불교의 가치관을 바탕으로 오직 한 곳으로 의심을 몰아갈 수 있는 사람만이 들어올 수 있다"는 게 신룡 스님의 설명이다. 그 결과 매년 깨달음에 다가서는 안목을 갖춘 사람이 한두 명씩 나온다고 신룡 스님은 덧붙인다. 그런데 왜 무금선원이라고 이름했을까.

"금강경 '일체동관분一體同觀分'에 '과거의 마음도 찾을 수 없고, 현재의 마음도 찾을 수 없고, 미래의 마음도 찾을 수 없다過去心不可得 現在心不可得 未來心不可得'는 구절이 나옵니다. 우리는 늘 현재에 살지만 그걸 인식하는 순간 과거가 되고 맙니다. 실체가 있으면서도 공空인 것이 중도입니다. 괴테의 '파우스트'에 나오는 '순간아 머물러라. 너무나 아름답구나.'라는 구절처럼 지금 이 순간이 너무나 중요하다는 것입니다."

선 수행은 평화와 행복에 이르는 묘법···

백담사는 신라 진덕여왕 1년(647년)에 자장율사가 창건한 고찰이다. 원래 이름은 한계사寒溪寺였으나 7차례의 화마를 겪으면서 이름을 달리했고, 그 마지막 이름이 심원사였다. 거듭된 화재로 고심하던 어느 날 꿈에 노승이 나타나 대청봉에서 100번째 웅덩이 옆에 절을 세우라고 하여 그 말에 따라 터를 잡고 절을 중창한 것이 조선 정조 7년(1783년)으로 절 이름도 심원사에서 백담사로 바뀌었다.

제5공화국의 대통령을 지낸 전두환씨의 유배지로 세간에 많이 알려졌지만 1905년 만해(한용운) 스님이 출가한 곳이 바로 백담사이다. 만해 스님은 1917년 오세암 선방에서 견성해 오도송을 읊었는데 당시 오

무문관

선원장 신룡 스님(왼쪽)과 교선사 지명 스님

세암에 있었던 오세선원은 한국전쟁 때 전소됐다가 1972년 다시 문을 열었으나 선원을 이끌던 성준 선사가 갑자기 입적하면서 4년 만에 문을 닫았다.

이런 백담사에 선원이 다시 문을 연 것은 1998년. 백담사 회주 무산(霧山·73) 스님이 관음전을 무문관으로 개설했다. 무산 스님은 용성 고암 스님의 법맥을 이은 성준 선사의 적자로 무문관을 개창하고 직접 3년간 폐문정진에 동참했다. 시인이며 '조오현'이라는 필명으로 유명한 무산 스님은 백담사 아래에 만해사상을 실천·선양할 만해 마을을 조성하고 매년 만해축전을 여는 등 백담사 일대를 수행과 문화의 공간으로 중창한 주역이다.

고요한 선이 아니라 실천하는 선을 주창하고 선의 깨침이 사회를 움직이는 살아있는 정신으로 스며들어야 한다고 강조했던 만해 스님의 뜻을 현대에 와서 실현하고 있는 것이다. 만해 스님은 '불교유신론'에서 "요즘 참선하는 사람은 참 이상하다. 옛 사람들은 그 마음을 고요하게 가졌는데, 요즘 사람들은 그 처소를 고요하게 가지고 있다. 옛 사람들은 그 마음을 움직이지 않았는데, 요즘 사람들은 그 몸을 움직이지 않고 있다. 그 처소를 고요하게 가지려면 염세가 되는 것뿐이며, 그 몸을 움직이지 않으면 독선이 안 되려야 안 될 수 없을 것이다"라고 일찌감치 설파했다.

"꼭 깨침을 전제하지 않더라도 참선은 모든 고통의 원인인 번뇌를 제거해 완전한 평화와 행복에 이르게 하는 묘법妙法이 될 수 있다"며 신룡 스님은 일반인들에게 참선을 권한다. 신경물리학자 허버트 벤슨의 연구결과에 따르면

무문관 선원의 원통전

화두 없이 그냥 가부좌를 틀고 10분가량 명상하는 것만으로도 면역력을 높여주는 T-임파구와 엔도르핀이 증가하고, 자율신경이 좌우 뇌파의 균형을 맞춰서 감정의 평형과 마음의 평화를 가져온다고 한다. 값비싼 소비재가 난립하며 지나치게 상업화되고 있는 참살이(웰빙) 문화보다는 내적 수행을 통해 행복을 추구하는 선禪지향적 삶이 진정한 참살이가 아니겠느냐는 얘기다.

"아무 걸림 없이 마음 하나로만 문제의식을 몰아가는 것이 참선입니다. 참선 수행은 인간 완성의 과정이며 인간의 순수한 본래가치를 회복하는 길입니다. 사회와 종교, 인류의 근원적인 문제를 푸는 방법이 다 그 안에 있어요. 과학문명이 발달하면서 인간과 자연의 불협화음을 푸는 것이 향후 인류의 최대 과제가 될 텐데 그러자면 근본으로 돌아가서

백담사 경내의 만해상과 시비

문제를 살펴보고 풀어야 합니다. 그 길이 바로 붓다가 제시해 놓았고 조사들이 다듬어 놓은 최상승법인 간화선입니다."

　신룡 스님은 현대물리학자인 프리초프 카프라가 물리학과 동양사상을 연관시키면서 향후 과학의 방향은 주역과 불교선이라고 말한 사실을 상기시키면서 현대과학에 의해 하나하나 입증되고 있는 불교사상의 정합성을 거론한다. 관찰자의 주관에 따라 소립자의 위치와 질량이 달라진다는 불확정성의 원리는 만물은 끊임없이 변화한다는 제행무상諸行無常 연기론과 관련이 있고, 소천-중천-대천-삼천대천세계로 구성된 불교의 우주관은 은하계에만 태양계 같은 것이 3,000억 개나 있다는 천체물리학의 연구 성과를 2,500여 년 전에 미리 밝혀 놓은 것이라는 등의 사례들이 이어진다.

무금선원에서 정진중인 사미승들

　신룡 스님은 또한 "작은 것이 아름답다"고 했던 경제학자 슈마허의 주장을 들면서 "작은 것 속에서 평화를 얻는 힘을 키워야 하며 한정된 자원에서 만족을 얻는 방법을 터득해야 한다"고 강조한다. 예를 들면 소식小食과 채식 위주의 식단 등 불교에서 실천하고 있는 친환경적 음식문화가 이른바 참살이를 실현하는 구체적인 표본이라는 것이다.

마음 없는 몸 없고, 몸 없는 마음 없다···

무문관의 반대편, 백담사 만해당 뒤편에는 또 하나의 특별선원인 대한불교조계종의 기본선원이 2004년부터 운영되고 있다. 기본선원이란 출가해서 행자교육을 마치고 사미계를 받은 예비승(사미)들을 위한 참선 수행처로 '수좌사관학교'라는 별칭을 갖고 있다. 선원의 수행법이 간화선임을 명시하고 4년 동안 8차례의 안거와 해제철에 경전을 공부하는 1개월 간의 교과안거 6차례를 이수해야 졸업할 수 있는 '참선대학'이다. 그만큼 청규도 엄격하다. 하루 10시간 이상의 참선에 1시간 이상의 울력, 저녁 예불 후 다음날 사시공양 때까지 절대묵언 등 초심자로선 쉽지 않은 조건들이다. 까딱 졸기라도 하면 장군죽비로 어김없이 등짝을 두드리는 대중경책정진을 기본으로 대중들의 결의에 따라 대좌對坐정진, 가행정진, 용맹정진 등으로 정진의 강도를 높여간다.

"깨침은 몸과 마음으로 같이 옵니다. 초심자들은 힘들지요. 처음에는 다리도 아프고 온 몸이 뒤틀리는가 하면 산란심이 찾아왔다가 잦아들면 맥이 풀리면서 혼침이 찾아오고···. 그러나 그걸 누가 해결해줄 수 없으니 직접 묘철을 얻는 수밖에 없어요. 용맹정진은 그 과정을 직접 몸으로 체득하는 것이

지요. 생사즉열반生死卽涅槃이라, 깨침의 경지에선 몸과 마음이 하나가 됩니다. 몸 없는 마음이 없고 마음 없는 몸이 없는 것처럼 물질과 마음은 어떤 것이 우선이라고 할 수 없어요."

기본선원 참여자들은 문경 봉암사에서 1년 수행한 뒤 무금선원으로 와서 다시 1년간 정진한다. 현재 수행중인 사미승은 25명. 30~40대가 주축을 이루고 20대는 2명뿐일 정도로 전문직 출신의 '늦깎이' 출가자들이 많다. 이들을 지도하고 있는 자명(慈明·55) 스님은 "어떤 권력이나 욕망을 성취하는 일보다 인간이 가장 통쾌하게 해볼 만한 일이 바로 도를 닦아 견성을 해 마치는 일"이라며 정진을 독려한다. 선사들의 다그침이 눈 덮인 백담계곡에 몰아치는 칼바람 같다.

"사내라고 다 장부 아니여 / 장부 소리 들을라면 / 몸은 들지 못했어도 / 마음 하나는 다 놓았다 다 들어올려야 / 그 물론 몰현금(沒絃琴·줄 없는 거문고) 한 줄은 / 그냥 탈 줄 알아야"(무산 스님의 시 '일색변 3')

눈 쌓인 백담사 계곡 돌탑들. 수많은 사람들의 간절한 염원을 담고 서 있다.

삶의 자욱한 안개를 어떻게 헤쳐 나갈 것인가
07 청 암 사 수 도 암 선 원

"**선방** 스님들이 차담茶談하시고 싶지 않답니다."

말을 전하러 온 스님이 주지 스님한테 이렇게 통보한다. 낭패다. 선원장이 계시지 않는다고 해서 참선을 쉬는 시간에 몇몇 선방 스님들과 잠시 차를 같이할 수 있겠느냐고 주지 스님을 통해 전갈을 넣었더니 일언지하에 거절이다.

경북 김천 수도산 청암사의 산내 암자인 수도암修道庵선원. 이른 아침부터 내린 비 때문에 암자 일대가 온통 안개에 젖었다. 서너 발자국 앞의 사람도 알아보지 못할 정도로 짙은 안개다. 이를 어쩐다…. 선방 수좌들로부터 차담을 퇴짜 맞은 데다 안개까지 자욱하니 사진을 찍기도 난감하다. 몇 장 찍어보지만 뿌연 안개만 찍힐 뿐 도무지 어딘지조차 분간하기 어려운 지경이다.

그래도 다행인 것은 주지 원증(圓證·

'수도선원' 편액

43) 스님이 수도암에서만 15년을 보낸 수좌 출신이라는 점이다. 주지 소임을 맡는 동안에도, 선방 정진에는 동참하지 않지만 매일 점심 공양 후 선방에서 수좌들과 차담을 나누며 호흡을 같이한다. 지대방에서의 차담에선 어떤 이야기들이 오갈까.

"별별 이야기 다 하지요. 아테네 올림픽 이야기도 하고, 날씨나 울력, 전국 각지 선원의 풍문까지 두루 다 이야기합니다. 선문답이요? 그건 흔치 않습니다. 화두를 머리로 생각해 풀면 사구死句가 되기 때문에 간화선에서는 사량思量으로 문답하는 것을 경계하고 금하기 때문이지요. 공부하는 방법은 다 알고 있으므로 진짜 깨달음을 얻으면 그때 큰스님을 찾아가 문답할 뿐 그 전에는 물을 것이 없어요."

대한불교조계종 종정 법전 스님을 은사로 모시는 원증 스님은 "성철·법전 스님을 다 시봉해봤지만 말이 필요 없더라"고 했다. 선은 화두로 논강하듯 답을 찾는 것이 아니기 때문에 화두 참구 외에는 물을 것이 없다는 얘기다.

모양을 모양 아닌 것으로 보게 되면··

신라 헌안왕 3년(859년)에 도선국사가 창건한 수도암은 해발 1,137미터의 수도산 윗부분에 자리한 고찰이다. 산 아래에서 절까지 오르는 길이 만만찮게 가파르고 절 주위에는 아름드리 전나무와 소나무들이 하늘을 찌를 듯 빽빽하다. 수도산 정상에서 가까운 절의 입지는 옥녀가 비단을 짜는 형국이라는 '옥녀직금玉女織錦'의 명당 터로 알려져 있다. 비로자나불을 주불로 모신 대적광전이 있는 윗마당에서 바라보면 멀리 보이는 가야산 상봉은 베틀의 실을 거는 끝게돌이 되고, 대적광전과 약광전 뜰 앞의 두 탑은 베틀의 기둥이 되며, 대적광전 불상을 모신 곳은 옥녀가 앉아서 베를 짜는 자리라는 것. 스님들은 대적광전에서 가야산을 바라보면 한 떨기 연꽃 같다며 계절에 따라 달라지는 가야산의 빛깔을 두고 봄에는 황련, 여름에는 청련, 가을에는 홍련, 겨울에는 백련이 핀다고 한다. 그러나 안개 때문에 그 연꽃을 볼 수 없으니 여간 아쉬운

수도암 대적광전

게 아니다.

"해발 1,080미터에 자리 잡은 수도암은 고지대인데도 사시사철 물이 마르는 적이 없고, 여름에도 모기가 없는 천혜의 수행터예요. 도선국사는 수도암을 창건한 뒤 '앞으로 무수한 수행자가 여기서 나올 것'이라며 기뻐서 7일 동안 덩실덩실 춤을 추었다고 해요."

실제로 수도암에선 많은 도인이 나왔다. 근대 선불교의 중흥조인 경허 스님은 51세 때인 1899년 봄부터 해인사에 머물다 그 해에 수도암을 찾아 '청암사 수도암에 오르다上靑岩寺修道庵'라는 칠언율시를 남겼고 그때 쓴 수도암 편액도 전해지고 있다. 조계종 종정을 지낸 '오대산 도인' 한암(1876~1951) 스님이 23세에 경허 스님을 만나 금강경 한 구절에 깨달음을 얻고 인가를 받은 곳도 바로 수도암이다.

경허 스님이 금강경 강설을 하면서 "무릇 모양이 있는 것은 다 허망한 것이니 모양을 모양 아닌 것으로 보게 되면 바로 진리를 볼 것이다 凡所有相 皆是虛妄 若見諸相非相 卽見如來"라는 대목을 일러주자 홀연 안목이 확 열렸다는 것이다. 당시의 장면을 선문禪門에서는 이렇게 전하고 있다.

경허가 한암에게 물었다.

"남산에 구름이 이니 북산에 비가 온다고 했는데 이것이 무슨 소리냐?"

한암이 이렇게 대답했다.

"창문을 열고 앉으니 기와를 입힌 담이 앞에 있습니다."

경허는 다음날 법상에서 대중들에게 말했다.

"중원(한암)의 공부가 개심開心을 넘어섰다."

고암古庵 전강田岡 월송月松 등 당대의 선지식들은 1924년 수도암 정각正覺에서 동안거를 지냈고, 훗날 전강 스님은 수도암 선원 조실로서 납자들을 지도하기도 했다. 또한 조계총림 송광사의 초대 방장을 지낸 구산(九山 · 1901~1983) 스님은 1943년 수도암 정각에서 '무無자 화두'를 들고 일주일간 선 채로 용맹정진한 후 첫 깨달음을 얻었다고 한다. 함께 정진하던 스님이 "열심히 정진해 나를 열반으로 인도해달라"는 유언을 남기고 먼저 입적하자 곧바로 용맹정진에 돌입, 이 스님의 49재 전날 밤 벽시계의 '째깍' 하는 소리에 깨쳤다고 한다. 구산 스님의 오도송에 그 장면이 담겨 있다.

"한 번의 째깍 소리 삼천대천세계 다 삼키나니一聲吞盡三千界

고독한 수행자 아홉 번 '아' 감탄사를 발하도다獨露這漢九重喝
시계의 째깍 소리는 불법 가르치는 길고 넓은 혀요時計聲聲廣長舌
쇠와 나무로 된 시계 부품은 청정한 법신의 몸이로다金木片片淸淨身"

구산 스님이 견성했던 이 해, 해인사 백련암에서 순호(청담) 수련 혜천 스님 등 30여 명이 수도암으로 와 고등선원高等禪院을 열었고 숱한 선지식들이 여기를 거쳐갔다. 현 송광사 방장 보성 스님은 수도암에서 행자 생활을 했다고 한다. 보성 방장은 그래서 지금도 안거 때마다 두 차례씩 반찬을 싸들고 수도암을 찾는다고 원증 스님은 전한다.

"수도암은 졸음이 적은 도량입니다. 참선 정진할 때 큰 장애 중의 하나가 수마睡魔인데, 수도암에는 신자들도 기도하러 오면 잠이 적어진다고 해요. 또 도량의 터가 원만해서 성질이 까다로운 사람도 수도암에 오면 원만하게 수행하다 갑니다. 그래서 큰스님들 중에 수도암을 거친 분이 많아요."

동학혁명 때 암자의 일부가 소실되고 한국전쟁 때 빨치산과 국군의 접전 끝에 전소되다시피 한 수도암을 지금의 모습으로 중창한 이는 법전 조계종 종정이다. 법전 종정은 1969년 이곳에 와서 15년가량 머물며 나한전, 관음전, 조사전 등 20여 동이 넘는 가람으로 크게 중수重修했고, 선원을 증축해 1974년 수도선원을 재개원했다.

단 하나의 계율, 마음을 흩뜨리지 말라······

선원은 아랫마당의 관음전에서 윗마당의 대적광전으로 오르다 중간 쯤에서 왼편으로 빠지는 곳에 있다. 산에 기댄 채 제법 너른 마당까지 갖춘 8칸짜리 청기와 건물로 2004년 하안거에 참여한 수좌는 22명. 하루 10시간씩의 기본적인 정진 외에도 법당이나 선원 마당에서 개별 수행을 하는 수좌가 많다고 한다. 안거가 끝나고도 반은 남아서 정진하며 3년씩 사는 사람도 있다.

"수행하는 시간이 중요하진 않습니다. 옛 스님들은 일을 다 한 뒤 남는 시간에 공부했어요. 중요한 건 생활 속의 공부예요. 생활 속에서 여러 가지 어려움과 장애를 겪어야 도심道心이 생기는 겁니다. 그래서 '貪瞋癡是道(탐진치시도)', 즉 '탐진치가 곧 도'라고 하지요. 탐진치에서 마음 한 번 뒤집으면 도가 된다는 겁니다."

원증 스님

원증 스님은 "옛날엔 길이 나빠서 안거중인 스님들에게 음식을 공양하는 대중공양이 적었는데 요즘은 많아졌다"며 "먹을 게 너무 많으면 공부에

는 걸림돌이 된다"고 우려한다. 배가 좀 고파야 정진이 잘 되고, 먹는 것을 조절하는 일이 수행의 반인데 그런 공부의 기회가 사라졌다는 얘기다.

"알고 보면 도道라는 건 너무 쉬워서 재미가 없어요. 수행은 단순하고 그 결과도 단순합니다. 처음엔 깨달음을 얻겠다고 정진에 들어가지만 화두를 들면 '도를 빨리 성취해야지' 하는 생각조차 없어요. 그저 화두만 있을 뿐이지요. 그렇게 공부해서 깨닫고 보면 결국 그 자리예요."

원증 스님은 "선방에선 계율도 잊고 살 정도로 평범하다"고 말한다. 모든 계율은 밖으로 끄달리는 마음을 다스리기 위해 있는 것인데, 결국 필요한 것은 바깥으로 마음이 흩어지지 않는 단 하나의 계율, 즉 일계 一戒라는 얘기다. 먹는 것, 보는 것, 듣는 것, 이성의 유혹 등 경계에 부딪혀도 그 대상에 끄달리지 않고 마음이 일어나지 않는 것이야말로 자기 성품의 계를 갖추는 것이라는 설명이다.

인간의 모든 행동이 정진이요, 참선...

"육조단경에 '도를 닦는 사람은 세상의 허물을 보지 않는다若眞修道人 不見世間過'는 말이 있어요. 참 마음에 와 닿는 말입니다. 세상에 허물없는 사람이 어디 있겠습니까. 오히려 세상은 허물이 있어 아름답고 재미있는 것 아닐까요. 삶을 지속하려면 고기든 채소든 먹어야 하는 우리의 존재 자체가 타자의 희생을 전제로 하고 있습니다. 그러니 남의 허물을 볼 필요도, 시비를 따질 필요도 없습니다. 보고 듣는 데 끄달리지 않고 마음이 흐트러지지 않으면 시비를 가리는 분별심이 일어나지 않아요. 그러면 사람 사는 일을 보는 게 즐거워져요."

원증 스님은 '생활 속의 공부'를 거듭 강조한다. 경계에 끄달리지 않도록 노력해 일상삼매日常三昧, 일행삼매一行三昧가 돼야 한다는 것이다. 기도할 때에도 다른 생각이 없어야 일행삼매, 일상삼매가 이뤄진다. 그래서 원증 스님은 이렇게 얘기한다.

"앉아서 참선만 한다면 공부는 끝날 기약이 없습니다. 인간의 모든 행동이 정진이요, 참선입니다."

기왓장을 갈아 거울을 만들겠다며 좌선에만 매달리는 납자를 경책했던 마조 스님의 일화를 떠올리게 하는 말씀이다.

해제를 1주일 앞둔 선방은 참선을 쉬는 방선放禪 시간이면 분주하다. 다음 안거에 들 곳을 정해 미리 전화로 방부를 들여야 하기 때문이다. 수도암을 떠날 절반가량의 수좌들은 그래서 이때쯤 분주하다. 일년에 두 번씩 장소를 옮겨 다니며 하는 공부, 뭐가 좋을까.

"한 철씩 안거가 끝날 때마다 스스로 수행이 진전되는 걸 느낍니다.

깨달음이 어느 한 순간에 그냥 오는 것은 아닙니다. 사다리를 타고 오르듯 차츰차츰 쌓여서 마지막에 확 터지는 것이지요. 그러니 해제철에도 계율을 지키며 화두를 놓지 말아야 합니다. 그래야 다음 철 공부가 원만하게 돼요."

원증 스님은 벌써 동안거를 생각하고 있는 모양이다. 여름 비수기에 값이 쌀 때 선방의 겨울 난방용 기름을 사둬야 하는데 느닷없는 유가폭등 때문에 고민이라고 했다. 안거중에는 많은 식구를 먹여 살려야 하고 해제 땐 떠나는 납자들의 차비까지 마련해야 하는 주지 스님으로선 걱정이 많을 수밖에 없다. 주지 스님과 차담을 마치고 선원에 오르니 여전히 안개 속이다. 목책을 둘러친 선원 출입문에 '외인출입금지'라는 경고문만 선명하다. 삶의 자욱한 안개를 어떻게 헤쳐 나갈 것인가.

직접 맛보지 않으면 그 맛을 알 수 없다
08 대 승 사   대 승 선 원

경북 문경시 산북면 전두리 사불산四佛山 대승사大乘寺. 해발 600미터의 산중턱에 자리 잡은 일주문을 지나 축대를 오르자 대웅전 오른편에서 스님들이 하나둘 쏟아져 나온다. 오전 정진을 끝낸 대승선원大乘禪院 선객들이다. 새벽 2시에 잠을 깬 이들은 오전에만 7시간을 '의심 덩어리'와 씨름했다. 동안거에 든 지도 벌써 16일째. 무엇을 위해 이들은 의심 덩어리를 붙들고 있을까.

"산에서 만든 뽕잎차인데, 맛이 어떻습니까?"

"글쎄요, 처음 마셔보는 것이라 어떻게 설명해야 할지…. 녹차와는 다른 향기가 있어서 독특합니다."

"그 말씀으로 차 맛의 몇 퍼센트를 설명할 수 있을까요. 뽕잎차를 마셔보지 않은 사람이 그 설명을 듣고 차 맛을 얼마나 알 수 있을까요?"

"……."

점심 공양을 끝낸 뒤 차실에서 마주 앉은 이 절 주지이자 선원장인 철산(鐵山 · 51) 스님이 직접 만든 뽕잎차를 우려 주며 선의 세계를 이렇게 설명한다. 차 맛을 아는 사람끼리는 눈만 끔뻑하거나 다리를 번쩍 들어도 서로 알아차린다. 그게 바로 석가모니가 꽃을 들자 가섭존자가 빙긋이 웃었던 염화미소拈花微笑의 이치다. 그러나 차를 마셔보지 않은 사람에겐 아무리 설명한들 차 맛을 온전히 알 수 없다. 그래서 철산 스님은 "팔만대장경이 설명하는 불법佛法 세계는 5퍼센트에 불과하며 나머지는 직접 먹어봐야 알 수 있다"고 설명한다. 선객들이 불철주야 참선에 드는 것은 바로 그 차를 직접 맛보기 위해서다.

하루 14시간 이상의 가행정진

대승사는 신라 진평왕 때인 서기 587년에 창건된 고찰이다. 삼국유사에 따르면 사면에 불상이 새겨진 바위〔四佛岩〕가 붉은 보자기에 싸인

대승선원 전경

채 하늘에서 공덕산 꼭대기에 내려앉자 왕이 직접 확인하고는 크게 기뻐하며 그 옆에 절을 세우고 스님을 모셨다. 이로 인해 산 이름은 사불산으로 바뀌고 절 이름은 대승사라 했다. 또한 평소 묘법연화경을 지극히 염송하던 이 스님이 입적한 뒤 절 아래 마을 입구에 묻었더니 무덤에서 두 송이 연꽃이 피어올랐다는 이야기도 전해온다. 대승사는 그래서 '하늘에서 네 부처님이 내려오고 땅에서는 두 송이 연꽃이 피어오르는' 기연을 소중히 간직하고 있다. 대승선원 왼편 처마 밑에 걸린 '天降四佛(천강사불)' '地湧雙蓮(지용쌍련)'의 편액과 대승선원의 또 다른 이름인 '쌍련선원'이 이를 말해준다.

조계종 '선원총람'에 따르면 근대에 와서 대승사에 선풍이 일기 시작한 것은 1900년 경허 스님이 대승사와 산내 암자인 윤필암에 들르면서다. 이후 대승사와 윤필암, 묘적암에 각각 조실들이 머무르며 참선하

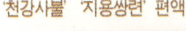
'천강사불' '지용쌍련' 편액

는 수좌들을 지도했다고 한다. 부득이한 사정으로 선방 문을 닫았던 시기도 있었으나 1929년 대승사에 비구선원이, 1931년 윤필암에 비구니 선원이 개설돼 항구적인 수행도량으로 자리 잡았다.

선원이 개설되자 1931년 대승사 선원에선 용성 스님을 조실로 30여 명이 정진할 만큼 성황을 이뤘다. 특히 1944년에는 성철 청담 우봉 서암 자운 청안 종수 스님과 비구니 묘엄 스님(봉녕사 승가대학장)이 함께 정진했고 금오 고암 월산 향곡 등 숱한 고승들이 대승사 선원을 거쳐갔다. 또한 성철 스님이 3년 동안 눕지 않고 수행하는 장좌불와長坐不臥로 용맹정진의 모범을 보인 곳도 대승사요, 조계종 종정 법전 스님이 '밥 한 덩어리에 김치 한 조각'으로 끼니를 때우며 정진하다 깨달음의 빛을 본 것도 대승사에서였다.

"대승선원은 잠을 적게 자도 괜찮을 정도로 기운이 아주 좋습니다. 혼침이 거의 없고 안개가 끼거나 장마철이 되어도 답답하지 않고 청량감을 줍니다. 그래서 선객들 사이에서는 문경 봉암사와 함께 한번쯤은 반드시 거쳐가야 할 곳으로 통하지요."

철산 스님의 설명이다. 이 때문에 대승선원은 방부를 들이기가 쉽지 않고 정진 강도도 높다. 우선 하루 평균 10시간 정진을 기본으로 하는 여느 선원과 달리 하루 14시간 이상 가행정진하는 것으로 유명하다. 새벽 2시부터 밤 11시까지 빡빡하게 수행시간표가 짜여 있어 잠 잘 시간은 거의 없다. 오전에는 2시 15분~5시, 7~11시, 오후에는 2~5시, 7~11시가 입선 시간이다. 그러니 아예 잠을 자지 않는 사람이 적지 않고, 주지 소임을 보면서 선객들과 함께 선방에서 정진하는 철산 스님의 수면 시간도 1시간 남짓이라고 한다. 철산 스님은 "수좌들과 선방에 같

이 앉지 않을 거라면 주지 소임을 맡을 이유가 없다"고 잘라 말한다. 주지 소임보다는 수행정진이 먼저라는 얘기다.

안거 때가 아닌 기간에 실시하는 집중수행(산철결제)은 더욱 혹독하다. 21일 동안 아예 잠을 자지 않고 용맹정진한다. 이때에는 대개 50명 가량이 와서 5명 정도는 견디지 못하고 탈락한다. 자리를 20분만 비워도 방석을 치워버리고, 경책警責받는 태도가 좋지 않아도 자리를 빼버리기 때문이다. 선방 경력이 15년 미만인 선객들은 이런 산철결제를 거쳐야 다음 철 안거에 참여할 수 있다.

너도 없고 나도 없으며, 있음도 없고 없음도 없는 자리·

대승선원에 이런 가행정진 및 용맹정진 가풍이 자리 잡은 것은 한국전쟁 이후 오랫동안 문을 닫은 데다 1980년대 들어서도 개폐를 거듭하던 선원을 1995년 당시 조실이던 월산 스님이 '대승선원'이라는 이름으로 다시 열면서부터다. 선원 재개원과 함께 주지로 온 철산 스님을 중심으로 산철 용맹정진과 안거대중의 가행정진을 시작했다.

"처음엔 선방이 안정되지 않아 어려웠어요. 옛 도반들도 한 철 살고 나면 가버리고 해서 세 철 때부터 산철 용맹정진을 시작했지요. 그랬더니 공부 분위기가 형성되더군요. 월산 스님이 계시던 총지암에선 8명이 3개월 용맹정진도 했고요. 안거 때에는 총지암에선 20시간, 보현암에선 18시간, 큰방(대중선방)에서는 16시간씩 정진했지요."

대웅전 앞마당에서 본 대승선원

    1960년대 퇴경 권상로 선생이 지은 것으로 전해지는 대승선원의 큰 방 건물은 H자형의 독특한 모습이다. 정면 8칸에 건평 106평으로 40명 가량이 정진할 수 있는 규모다. 이번 동안거에 방부를 들인 선객은 27명. 구참 수좌들이 여럿 자리를 옮기면서 여느 때보다 수가 줄었다. 정면 5칸·측면 3칸의 30평짜리 팔작지붕 건물로 8~10명이 정진할 수 있는 총지암은 이번 철에 방부를 받지 않았다. 그러나 묘적암에서는 선객 3명이, 관음암과 문수암에서는 1명씩이 가행정진중이다.
    선방의 정진 열기는 언제나 뜨겁다. 철산 스님은 "선방 수좌가 졸린다는 것은 긴장이 덜하고 아직 답답하지 않기 때문"이라고 잘라 말한다. 부도 직전의 회사를 운영하는 사장이 돈 걱정하는 것처럼, 이 공부를 얼른 끝내지 못하면 큰일 난다는 다급함이 있다면 잠이 올 여유가 어디 있겠느냐는 얘기다. 마침 철산 스님은 단식 중이라 물만 마시면서도 정진에 동참하고 있다. 그러다 건강을 해치지 않겠느냐고 물었더니 이렇게 받아친다. "죽기밖에 더하겠습니까?" 정진하겠다는 일념으로 똘똘 뭉친다면 잠은 오지 않는다고 철산 스님은 못박는다.

"선방에 앉아 있으면 막노동하는 것보다 더 힘들고 배가 고픕니다. 게다가 잠을 안 자면 더 허기가 져요. 그래도 용맹정진을 하는 21일 동안에도 빨래하고 풀도 먹입니다. 정신력과 자세의 차이죠. 선방에 오는 이들은 다 자기 나름의 집을 짓고 옵니다. 생짜배기는 못해요. 용맹정진을 해보면 구참은 처음에는 졸다가 죽비를 맞지만 갈수록 더 힘을 내는 반면 신참은 처음엔 꼿꼿하다가 나중엔 그냥 쓰러져 버려요."

철산 스님은 "공부는 선방에 들어갈 때만 하는 게 아니라 끊임없이 화두를 참구하는 것"이라고 설명한다. 큰 걱정거리가 있으면 밥을 먹으면서도, 꿈에서도 걱정하는 것처럼 정말 이 생에 공부를 마쳐야 한다는 생각으로 밥을 먹을 때나, 이야기를 할 때나, 잠을 잘 때에도 화두를 들어야 한다는 것. 진정으로 공부의 필요성을 느낀다면 하지 말라고 해도 알아서 한다는 소리다.

"화두공부는 마음을 닦아 부처자리를 찾는 공부입니다. 그것은 너도 없고 나도 없으며, 있음도 없고 없음도 없는 자리입니다. 속인은 끌어모으는 공부를 하지만 도인은 자꾸 버리는 공부를 합니다. 그래서 원래 아무것도 없는 그 자리를 보게 되면 누가 시비해도 끄달리지 않아요. 미국 사람이 영어를 모르는 사람한테 욕을 하거나, 내가 자고 있을 때 누가 욕하면 화가 나던가요?"

보이고 들리는 현상계를 넘어 근원적인 존재의 실상을 보라는 얘기다.

철산 스님이 던진 숙제 · · ·   · · · ·

점심시간이 끝나기 전, 스님들이 포행을 나간 사이 철산 스님의 허락을 얻어 선방 문턱을 넘어선다. 선방 정면에는 금동보살좌상(보물 제991호)을 모셔 놓았고, 오른쪽 벽에는 용상방이 붙어 있다. 마침 포행을 나가지 않고 홀로 좌선중이던 스님 한 분이 낯선 외부인의 방문에 자리를 피한다. 기왕 선방 문턱을 넘어선 터, 참선하는 모습을 찍게 해달라고 스님에게 부탁했더니 선선히 자리에 앉아준다. 사진을 찍고 다시 선방 문턱을 넘어 나오는데 철산 스님이 숙제 하나를 툭 던진다.

"저 아래 연못에 물고기가 삽니다. 연못의 물이 바짝 마르면 물고기는 어떻게 될까요? 죽겠지요. 하지만 그 물고기를 다른 연못으로 옮기거나 연못에 물을 퍼다 붓지 않고도 물고기를 살리는 방법이 있습니다. 그게 뭘까요?"

오후 1시 50분. 오후 입선入禪을 알리는 목탁소리가 경내에 울려 퍼지자 흩어졌던 스님들이 다시 선방으로 하나둘 모여든다. 수좌들의 걸음걸이가 마치 백척간두百尺竿頭에서 한 걸음 더 나아가려는 것처럼 결연하다.

대승사에서 산 아래로 내려오다 대승사 서북쪽으로 500미터쯤 올라가니 윤필암이 나온다. 고려 우왕 6년(1380년) 각관覺寬 스님이 창건한 윤필암은 보현암 · 묘적암과 함께 대승사의 산내 암자로 규모가 대승사와 비슷하고 비구니 수행도량으로 이름이 높다. 윤필암의 왼편 벼랑 위, 사불바위가 보이는 곳에 사불전四佛殿이 있다. 가파른 계단을 올라 사불전에 들어서자 맞은편 벽면이 큰 통유리로 돼 있고 고개를 들면 바

윤필암의 사불전(위)과 성철 스님이 장좌불와했던 묘적암

로 사불바위가 한눈에 들어온다. 이런 까닭에 사불전에는 불상이 없다.

사불전에 참배한 뒤 다시 서북쪽으로 난 오솔길로 500미터쯤 올라가면 묘적암이다. 신라 선덕여왕 15년(646년) 나중에 거사가 된 부설 스님이 창건한 것으로 전해지는 묘적암은 고려 때 나옹선사가 출가한 곳이요, 성철 스님의 장좌불와 정진처로 잘 알려진 곳이다. 오솔길을 굽이돌아 불이문不二門을 살며시 밀고 들어서니 방문은 열린 채 인적이 없다. 단청도 하지 않은 채 '妙寂庵'이라는 편액의 글씨만 뚜렷하다. 잠시 후 암자 아래쪽에서 두 스님이 올라오더니 낯선 사람들의 방문에 의아해하다가 김장독을 묻고 오는 길이라고 설명해준다.

사불산의 한 자락에서 세 곳의 수행처를 보고 나니 어느덧 해가 뉘엿뉘엿 넘어간다. 철산 스님이 던진 숙제가 오래도록 의문으로 남는다. 그게 뭘까, 뭘까, 도대체 물고기를 살리는 길이 뭘까?

2부 활발발한 수행의 현장 163

3부
선맥이 살아 있는 참구도량

어디에 있든 스스로 주인이 되라
01 쌍계사 금당선원

"공부가 잘 됐으면 철마다 이렇게 돌아다니겠습니까?"

선원을 나서는 수좌에게 조심스레 한 철 공부가 어떠했느냐고 묻자 이렇게 대답한다. 올해로 전국의 선방을 돌아다닌 지 만 10년. 길다면 긴 세월이지만 초조한 기색은 없다. 깨달음의 길이 멀다고 해서 조급한 마음을 가지면 그 길은 더욱 멀어지기 때문이다.

경남 하동군 화개면의 삼신산三神山 쌍계사雙溪寺 금당선원金堂禪院. 걸망을 멘 스님들이 금당金堂 앞 계단을 내려선다. 까칠한 얼굴에 조금 야윈 듯한 몸. 그러나 눈빛은 투명하고 표정은 미련도 잡념도 털어낸 듯 맑다. 음력 10월 보름부터 석 달간 산문山門 안에 몸을 가두고 화두와 씨름해온 사람들. 길을 떠나는 이들의 얼굴에선 머무름에 대한 미련을 찾아볼 수 없다. 목표(깨달음)에 이르기까지 오직 걷고 또 걸을 뿐….

법당에 탑을 모시다 · · · · ·

금당선원은 대웅전 앞마당 끝에서 오른편으로 돌아서면 개울 건너 산 언덕 위에 있다. 개울 위 옥천교玉泉橋를 건너 가파른 계단 끝에 돈오문頓悟門이 서 있고, 이 문을 들어서면 금당선원 구역이다. 청학루 팔상전 영주당 봉래당 금당 등이 한 구역 안에 모여 있는데, 청학루를 돌아 팔상전 왼편의 가파른 계단을 오르면 금당이 한 눈에 들어온다.

금당이란 '부처님을 모신 집'이다. 그러나 이곳 금당에는 불상 대신 '육조정상탑六祖頂相塔'을 모셔 놓았다. 육조정상탑이란 육조 혜능 선사의 머리뼈를 봉안한 탑이다. 중국에 있어야 할 그의 유해가 어째서

육조정상탑을 모신 금당

이곳에 와 있다는 것일까. '육조정상 해동海東봉안설'이 이를 설명한다. 대비大悲와 삼법三法이라는 두 스님이 혜능 대사의 가르침을 받기 위해 당나라로 유학을 갔으나 이미 입적하고 없자 대사의 정상(頂相·머리)을 모시고 귀국해 신라 성덕왕 21년(722년) 삼신산 언덕에 묻고 옥천사玉泉寺를 창건했다는 것. "내 머리가 해동으로 갈 것"이라던 대사의 생전 예언이 그대로 실현된 것이라고 쌍계사 스님들은 믿고 있다.

금당은 육조의 정상을 묻은 바로 그 자리에 선 건물이다. 후일 당나라에 유학해 법을 인가받고 돌아와 차茶와 범패를 보급한 진감국사(774~850)가 쌍계사에서 가르침을 펴면서 육조 영당影堂을 세웠다고 한다. 또 이를 근거로 1864년에는 육조정상탑을 세웠고, 이 탑을 봉안한 전각이 지금의 금당이다. 법당에 탑을 모신 곳으로는 이곳이 유일하다.

금당선원 선방인 서방장

금당에는 '金堂'이라는 편액을 중심으로 '世界一花(세계일화) 祖宗六葉(조종육엽)' '六祖頂相塔(육조정상탑)'이라는 추사 김정희의 글씨가 좌우에 걸려 있다. 추사가 당시 금당에 살던 만허 스님의 은덕에 보답하기 위해 써 준 글씨다. 금당의 주련은 혜능대사가 5조 홍인弘忍의 수제자인 신수 수좌를 제치고 스승에게 견처見處를 내보인 유명한 게송이다. '菩提本無樹(보리본무수 · 깨달음에는 본래 나무가 없고) 明鏡亦非臺(명경역비대 · 밝은 거울 또한 틀이 없는 것) 本來無一物(본래무일물 · 본래 한 물건도 없거늘) 何處惹塵埃(하처야진애 · 어디에 티끌이 끼겠는가)'

마음광명이 대천세계를 비추도다···

금당 좌우편의 작은 목조건물인 서방장西方丈과 동방장東方丈이 선방이다. 이 건물들은 각각 3칸짜리 건물로 많아야 10명가량 앉을 수 있는 13평 규모의 작은 선방이다. 하지만 수많은 고승들이 이곳을 거쳐갔다. 조선시대 벽송지엄-부용영관-서산-부휴선수-벽암각성-백암성총-응암낭윤-화악평삼-궁암계정 등으로 이어지는 문파가 쌍계사 일대에서 법을 전했다. 근대에 와서는 경허 스님이 탑전에 선원을 개설한 이래 용성 운봉 금오 동산 청담 스님 등이 이곳을 거쳐갔고, 효봉 스님은 1956년 당시 사미였던 법정 스님을 데리고 쌍계사 탑전에서 정진했다고 한다.

"금당선원은 전국에서 손꼽히는 선실禪室입니다. 중국에서 차 종자를 처음 들여온 진감국사를 비롯해 대각국사, 보조국사 등 여기를 거치

조실 고산 스님과 수좌들이 정진하는 모습

지 않은 분이 없어요. 보조국사는 육조정상을 참배한 후 불일암에서 정진했다고 하지요. 당시 보조국사는 금당에 와서 주장자를 짚고 '주천하지제일(周天下之第一·두루 천하의 제일)이라고 극찬했답니다."

1975년 퇴락했던 쌍계사에 주지로 와서 현재의 대가람으로 중창한 조실 고산(杲山·72) 스님의 설명이다. 1999년 조계종 총무원장을 역임한 고산 스님은 13세에 동산 스님을 은사로 범어사로 출가해 선禪과 교敎를 겸수한 선지식이다. 주지를 처음 맡았을 때 쌍계사는 적묵당 기왓장이 방에 쏟아져 하늘이 보이고, 안심료와 육화전은 기울어서 넘어가기 직전이었다고 한다. 대대적 복원불사에 나선 고산 스님은 25년 만에 불사를 끝냈고 금당 좌우의 동방장·서방장도 새로 조성했다. 안거 때가 아니면 신자나 일반인도 선원 구역에 들어와 금당을 참배할 수 있다.

금당 입구에 백일홍 한 그루가 오롯이 서 있다. 육조정상을 석함에 모시고 올 때 백일홍과 길상초를 함께 가져와 심었다고 한다. 특히 꽃과 잎이 서로 보지 못한다고 해서 '상사화'라고도 하는 길상초는 육조 혜능 선사의 열반일(음력 8월 3일)을 전후해 만발하기 때문에 더욱 신기하고 보기 좋다고 고산 스님은 전한다.

"금당선원에서 정진하면 기운이 솟구쳐 1시간만 앉아 있어도 머리가 맑아지고 잡념이 사라집니다. 특히 서방장은 한 철만 제대로 공부하면 견성오도見性悟道할 만큼 뛰어난 수행처로 수좌계에서 알아주지요. 예컨대 서방장에서 졸거나 졸음에 겨워 눕거나 하면 육조정상을 호위하는 사천왕이 나타나 깨우기도 하고, 발로 밟아 가위 눌리게

해제 후 산문을 나서는 납자들(위), 청학루 아래 시래기 말리는 모습

도 해서 아무도 눕지 않아요."

고산 스님도 서방장에서 정진하다 깨침의 경계를 열고 '마음이 행하는 것은 한바탕 꿈이요心行一場夢 마음을 쉰 것이 곧 잠깬 것이로다息心卽是覺 꿈과 생시가 한결같은 가운데夢覺一如中 마음광명이 대천세계를 비추도다心光照大千' 라는 오도송을 읊었다. 이런 까닭에 동방장에선 하루 10시간의 평균적인 정진 시간만 지키지만 서방장은 24시간 정진하는 곳으로 사용한다. 이번 겨울 안거에선 동방장에서 6명, 서방장에서 10명이 정진했다. 이곳에서 안거를 두 번 마친 능원 스님은 "참선을 하다 보면 힘이 떨어질 때 자기도 모르게 혼침이 오는데 금당선원에선 사람이 처지지 않고 힘이 생긴다"고 했다. 또 수행경력 40여 년에 19년째 금당선원에서 정진해온 선덕禪德 도현 스님은 "육산인 지리산의 기운에다 섬진강이 보이는 전망까지 더해 금당선원은 생기가 있다"고 설명했다.

너무 급하지도 말고 앞서지도 말고

금당선원의 청규는 여느 선원과 다름없이 엄격하다. 산문 밖 출입금지, 서적·신문 탐독 금지, 묵언, 정진시간 엄수, 개인물품 금지 등 제한 요소가 많고 자유정진도 일절 없다. 선방이 작아 50분 참선 후 10분간 포행하는 것도 없다. 죽비를 치는 대신 스스로 시간을 정해 포행한다. 고산 스님은 참선 공부에도 욕심은 금물이라고 경계한다.

"욕심보따리를 앞에 두면 참선은 더디기만 해요. 세게 칠수록 더 튀어 오르는 공처럼 망상은 버리려 할수록 더 달려들거든요. 그래서 참선할 때 '어서 성불해야겠다'는 생각을 가지면 탐심貪心이 앞서요. 또 '왜 이렇게 공부가 안 될까' 하고 짜증을 내면 진심嗔心이 생겨 공부를 방해합니다. '이만하면 공부를 잘 하는 것'이라고 스스로 자만하는 치심癡心까지, 이 삼독심三毒心을 버리고 화두를 들어야 오매일여寤寐一如 식심견성識心見性이 됩니다."

움직이거나 머무르거나, 앉으나 서나 흔들림 없이 공부하는 것이 중요하다는 얘기다. 시종여일始終如一하게 꾸준히 공부하는 것이 견성오도의 첩경이라고 고산 스님은 강조한다. 참선을 하다 보면 정신없이 졸리는 혼침과 도거, 망상, 산란심 등에 시달리게 마련이지만 그래도 공부해야 한다는 것이다.

"걸을 땐 걷는 이놈이 무엇인고, 밥을 먹을 땐 밥 먹는 이놈이 무엇인고, 화두를 들 땐 화두 드는 이놈이 무엇인고 하고 오롯이 참구해야 합니다. 그러다 보면 생활에서 참선 아닌 것이 없고, 시절 인연이 대쪽 맞추듯이 맞아지면 견성하는 겁니다. 그러니 너무 급하지도 말고 앞서지도 말고 평상심으로 계속 정진하면 돼요."

노장은 "공부는 예나 지금이나 똑같다"고 했다. 시대가 변해 걸망 지고 걸어 다니던 것이 가방 메고 차를 타고 다니는 것으로 바뀌었을 뿐 공부의 본질이나 방법은 다르지 않다는 말이다. 공부란 근기에 맞게 하는 것이고 지금도 산중에서 용맹정진하는 분들이 많다며 '견성한 선지식이 없다'는 세간의 우려를 잠재운다. 부처님 눈에는 부처님만 보이고 범부의 눈에는 범부만 보이듯이 도인道人이라야 능지도인能知道人

이라고 하지 않았던가.

그래도 공부하는 여건은 참 많이 변했다고 한다. 가장 많이 달라진 게 먹을거리다. 요즘엔 절집에서도 곡식이며 채소가 흔하지만 해방 전에는 쌀 구경도 어려웠다고 노장은 기억을 더듬는다. 수수밥, 감자밥, 솔껍질떡이나 멀건 죽으로 허기를 달랬고 불전에 올리는 마지조차 보리밥에 쌀을 조금 섞어 했다니 그 궁핍했던 생활상이 오죽했을까. 노장은 "목양말 한 켤레로 7, 8년을 신었다"며 쌍계사 복원불사를 하며 입었던 작업복과 누더기를 상좌들이 다 버린 걸 아쉬워했다.

"도반道伴이 좋은 데는 외호外護가 시원찮고, 외호가 좋은 데는 도반이 시원찮고, 도반과 외호가 다 좋은 데는 스승이 불성실하다는 소리가 있어요. 물 좋고 정자 좋은 데를 찾으려면 언제 공부하겠습니까. 나는 은사이신 동산 스님, 계율을 가르쳐 전계傳戒를 해주신 석암 스님, 경經을 가르쳐 전강傳講을 해주신 고봉 스님 등 세 분의 스승을 모셨는데 스님마다 다 배울 점이 있어요. 공부는 환경이 문제가 아니라 자기 하기 나름이거든요."

납자들이 산문山門을 나선다. 선지식들이 늘 강조하듯이 이들에게 해제는 공부의 중단이 아니라 자리만 바꾼 것일 뿐이다. 해제는 오도견

고산 스님

걸망을 멘 채 산문을 나서는 납자들. 다음 수행처는 어디일까.

성해야 비로소 할 수 있는 것, 어디에 있든 스스로 주인이 되라隨處作主고 하지 않았던가.

깨어 있는 그 자체를 행복하게 누리라
쌍계사 도현스님 토굴

화개장터와 쌍계사를 지나 7킬로미터가량을 더 달리자 도로가 끊어졌다. 지리산 자락인 경남 하동군 화개면에서도 하늘 아래 첫 동네로 손꼽히는 화개계곡 의신마을이다. 마을 끝에서 산길로 접어들어 가파른 산비탈을 5분쯤 올라가자 자그마한 평지와 초옥이 나타난다. 쌍계사 금당선원의 선덕인 도현(58) 스님의 '연암토굴'이다.

스무 평 남짓한 마당에 올라서자 앞산 능선의 풍경이 한눈에 들어온다. 이 높은 산중에 어떻게 이런 평지가 숨어 있었을까 싶다. 조그만 토굴 앞에서 인기척을 하자 문이 열린다. 스님은 마침 늦은 아침 공양중이다.

"아침부터 낙엽을 쓸고 대청소를 하다 보니 시간이 이렇게 됐네요. 어제까지 마을에 있는 선재난야 뒤편의 대밭을 정리하느라 며칠간 토굴을 비웠더니 낙엽이 많이 쌓였거든요. 대밭은 가을에 솎아내고 정리하지 않으면 다음해에 잘 자라지 못해요."

아침 공양이라야 반찬도 없이 누룽지를 코펠에 끓여 먹는 게 전부다. 그래도 스님은 누룽지의 고소함을 반찬으로 삼는다고 했다. 이 토굴에 산 지 벌써 10여 년. 아무도 없는 산 속에서 혼자 사는 게 불편하거나 외롭지는 않을까.

"혼자 있다니요? 늘 자기와 같이 있는 겁니다. 위파사나의 '사티念' 는 자기의 말과 행동을 늘 살피는 것인데, 일상생활에서 늘 마음 챙기는 공부를 하므로 혼자 있다는 생각을 하지 않아요. 불편과 고독은 수행의 방편이거든요."

존재의 실상과 본질을 알게 되면···

1963년 부산 범어사로 출가한 도현 스님은 한국 불교의 전통적 수행법인 간화선과 남방불교의 수행법인 위파사나를 모두 섭렵한 수행자. 인천 용화사에서 경허-만공 스님의 법을 이은 전강 스님을 시봉하며 선방 문고리를 잡았고, 1986년 태국으로 건너가 5년 동안 위파사나를 수행하고 왔다. 지금도 여름·겨울 안거 때에는 쌍계사 금당선원에서 정진하고 안거가 끝나면 토굴에서 수행한다.

"중 생활 40년 가운데 25년은 간화선을 했고, 15년은 위파사나를 하고 있어요. 안거 때 선방에 앉아서도 위파사나를 하지요. '위'는 모든 존재의 항상 변화하는 특성을, '파사나'는 '떨어져서 바로 본다'는 것을 뜻하는 팔리어입니다. 결국 위파사나는 존재의 실상을 바로 보기 위

연암토굴. 작은 연못에 앙증맞은 섬까지 있다.

한 방법이지요."

토굴은 앙증스러울 만큼 작다. 4평이 채 안 되는 터에 1평 남짓한 방과 부엌, 두 사람이 마주 앉으면 꽉 차는 마루가 전부다. 그래도 있을 건 다 있다. 문을 열고 들어서면 선반 위에 조그만 불상을 모시고 촛불까지 켜놓았다. 방 안 벽장에는 이불과 양식이 들어 있고, 경상엔 책 몇 권이 놓였다. 마루 벽에는 넓은 창이 나 있어 방 안쪽 구석까지 햇살이 찾아든다.

마당으로 다시 나가본다. 창문 앞에는 지름이 한 발도 되지 않는 작은 연못을 만들고 연못 안에 섬까지 조성해 놓았다. 마당 주위로는 오죽烏竹이며 소나무 등을 둘러 심었고, 잎이 무성한 파초 한 그루와 통나무를 잘라 만든 다탁도 마당 한쪽을 차지하고 있다.

"의신마을은 원래 의신사義神寺가 있던 곳인데 이 토굴 자리는 의신사 주변에 있던 20여 개의 암자 터 가운데 하나입니다. 서산대사의 스승인 부용영관 스님이 머문 터인데, 10여 년 전 마을 어른의 소개로 이곳에 토굴을 짓게 됐지요."

마을 사람들은 이곳을 '연암'이라 부르지만 '은암隱庵'이라는 주장도 있다. 부용영관 스님의 자호字號가 '은암'인 데다 인적이 없는 곳에 묻힌 작은 토굴이니 말 그대로 '은암'이라며 스님은 껄껄 웃는다. 위파사나 수행에 대한 질문이 이어지자 스님의 설명이 길어진다. 몸과 마음의 현상을 있는 그대로 알아차리면 감정에 끌리지 않고 자신을 조율할 수 있다. 움직일 땐 동작을 관찰하고 움직이지 않을 땐 호흡을 관찰한다…

다탁에서 가을햇살을 즐기는 도현 스님

"존재의 실상과 본질을 알게 되면 집착하지 않게 됩니다. 예를 들어 이 컵이 예쁘게 생겼지만 언제나 깨질 수 있다는 본질을 알게 되면 좋아하면서도 집착하지 않게 되지요. 현상과 본질을 같이 보게 되니까 색즉시공色卽是空이 되는 것이지요. 공자도 '樂而不淫 哀而不傷(낙이불음 애이불상·즐기되 지나치게 빠지지 말고 슬퍼하되 자신을 상하게 하지 말라)'이라고 하지 않았습니까."

최대의 선지식은 자기 내부에····

 스승에게 공부의 진척도를 점검받고 깨달음을 인가받는 간화선 전통과 달리 위파사나 수행자들은 스스로 깨달음을 점검한다고 도현 스님은 설명한다. 깨침이란 어느 날 갑자기 도사가 되는 것이 아니라 생활에서 인격체로 달라지는 것이라는 얘기다. 따라서 깨침이 행동이나 말로 드러나지 않으면 온전한 지혜가 아니라고 도현 스님은 강조한다.
 "도인을 재는 척도라…. 금강경에 나오는 '4과果'와 염처경念處經 주석서인 '청정도론'에 나오는 '10결結'이 그 척도입니다. 불교수행에 대한 확신을 갖고 내 안의 화와 욕심, 성냄을 끊고 육체적 욕망과 이념적 갈등, 자만심이나 명예욕, 어리석음에서 완전히 벗어나는 단계별 척도가 갖춰져 있어요. 그러니 스스로 점검해보면 알 수 있지요. 최대의 선지식은 자기 내부에 있거든요."
 도현 스님은 "수행은 스스로 만드는 행복"이라며 "화두를 들거나 마음챙김을 통해 깨어 있는 그 자체를 행복하게 누리라"고 덧붙인다. 어제 죽은 사람을 생각하면 오늘 살아 있는 것만으로도 얼마나 행복하냐면서…. 그러니 미래를 알 수 없는 불확실성 속에서 우리가 현재 할 수 있는 최선의 선택은 삶의 순간순간을 행복하게 만드는 일. 이를 위해 항상 '자신을 살피는 선'을 일상화해야 한다는 얘기다. 스님의 '부자론'이 가을 햇살에 반짝인다.
 "내 집은 3평이지만 저 앞산이 다 내 것이니 내가 진짜 부자 아닙니까."

네가 바로 부처니라
02 칠불사 운상선원

····· 지리산 반야봉(1732미터) 남쪽의 해발 800미터 고지에 자리 잡은 칠불사七佛寺 오르는 길. 깊어 가는 가을은 남도의 산에도 울긋불긋 색칠을 해놓았다. 일주문을 지나 절로 향하는 길섶에는 벌써 낙엽이 수북하다. '東國第一禪院(동국제일선원)'이라는 편액을 단 보설루普說樓 앞 은행나무도 노랗게 물들었다.

한 생각 돌이키면 · · · ·

칠불사는 가락국의 시조인 김수로왕과 인도 아유다국 공주 허황옥許黃玉 사이에서 태어난 10남 2녀 가운데 넷째 아들부터 7명의 왕자가 외숙인 장유보옥長遊寶玉 화상을 따라 출가해 모두 성불한 수행처라고 전해진다. '삼국유사' 가락국기 등에 따르면 처음 가야산에서 3년간 수도했던 일곱 왕자는 의령 수도산, 사천 와룡산 등을 거쳐 지리산 반야봉 아래에 운상원雲上院을 짓고 정진한 지 2년 만인 103년 8월 15일 생불生佛이 됐다고 한다. 왕자들의 성불 소식을 들은 김수로왕은 이곳에 큰 절을 짓고 일곱 부처가 탄생한 곳이라고 해서 칠불사라 했다.

그런데 이상하다. 불교는 고구려 소수림왕 2년(372년)에 처음 전래된 것으로 알려져 있는데 그보다 270년 이상 앞선 시기에 칠불사가 세워졌다니···. '372년 북방 전래설'은 중국을 통해 불교가 전해진 것을 이르는 데 비해 가락국은 바다를 통해 인도에서 직접 불교를 받아들였다는 '남방 전래설'을 뒷받침하는 사례다.

보설루 아래 통로를 따라 절 마당에 들어서자 대웅전 왼편의 '亞字房(아자방)'이라는 편액을 단 건물이 눈길을 끈다. 아자방은 정면 5칸·측면 2칸 건물로 정면의 오른쪽 2칸은 부엌이고 왼쪽 3칸은 온돌방으로 된 선방이다. '아자방'은 신라 효공왕 때 담공 선사가 벽안당碧眼堂이라는 선실을 '亞'자 모양의 온돌방으로 조성한 데서 비롯된 이름이다. 여덟 평가량의 방 가운데에 십十자형 통로를 만들고 이 통로가 네 귀퉁이보다 한 자 반가량 낮게 해 높은 부분은 좌선처, 통로는 걸으면서 몸을 푸는 경행처로 사용했다고 한다.

"수행과 몸을 풀기 위한 운동을 한 방에서 할 수 있도록 배려한 것이지요. 온돌을 이중구조로 만들어 한 번 불을 지피면 온기가 49일이나 지속됐다고 해요. 불을 두 번만 지피면 동안거를 마칠 수 있었던 것이지요. 그래서 아자방의 특이한 구조와 불가사의한 보온 효과는 중국에까지 알려졌고, 담공 선사는 '구들 도사'로 불리기도 했다고 하지요. 많은 학자들의 노력에도 아직 그 신비를 풀지 못하고 있습니다."

아자방의 굴뚝

칠불사 주지 동림(東林·56) 스님의 설명이다. 하지만 1948년 12월 여순반란사건 때 국군에 의해 전소돼 온돌만 남은 것을 1982년 복원한 지금의 아자방은 온기가 닷새밖에 가지 않는다고 스님은 덧붙인다. 원래 아자방은 둥근 형태의 두꺼운 온돌을 썼고 장판도 여러 겹 발라 두께가 10센티미터를 넘었다고 한다. 아궁이도 매우 커서 장작을 지고 방고래로 들어갈 수 있었으나 지금의 아자방 아궁이는 보통 아궁이 크기다. 굴뚝에 구멍을 조절하는 여닫이 장치가 있어 온기를 유지하는 데 결정적 역할을 했다고 한다. 아자방 출입구는 신도나 관람객들이 내부를 볼 수 있도록 유리문으로 터놓았다. 정작 이곳에서 정진하는 사람에겐 적잖게 방해가 될 듯한데, 동림 스님의 설명은 뜻밖이다.

"관람객들의 소음에도 공부할 사람은 자청해서 이곳에 옵니다. 아무

아자방 선원에서 정진하는 스님들

리 시끄러워도 한 생각 돌이키면 관계없어요. 옛날엔 50명씩 수행했다고 하지만 지금은 한 철에 4~6명가량 정진합니다. 아자방에선 묵언, 하루 한 끼만 먹는 일종식, 장좌불와가 필수인데 그래도 오려는 사람은 많고 한 번 오면 2~3년씩 계속 눌러 앉는 사람이 많아서 한 사람이 3년을 넘기지는 못하도록 제한하고 있지요."

동림 스님도 아자방에서 두 번 안거를 난 수좌 출신이다. 동림 스님은 "아자방은 기운이 편해서 잠이 많이 온다"며 "그래서 예로부터 잠만 극복하면 수행이 크게 진전되는 곳이라는 말이 전해온다"고 했다. 아자방 주련에 담공 선사의 빼어난 솜씨와 중국에까지 알려진 사실 등을 찬탄하는 내용과 함께 서릿발 같은 수행가풍이 실려 있다. '不臥一食面壁坐(불와일식면벽좌·눕지 않고 한 끼 먹고 면벽하고 앉아) 鞭逼工夫似

칠불사 대웅전과 아자방

부도

雪相(편펍공부사설상 · 다그치는 참선공부 서릿발같이 엄하네)'

 '아자방 보는 곳'이라는 안내문이 붙어 있는 유리문 앞에서 신기한 표정을 짓고 있는 관람객들을 뒤로 한 채 아자방 왼편의 쪽문을 열고 들어서니 또 다른 경계가 나타난다. 외부인의 출입이 일절 금지된 운상선원雲上禪院으로 올라가는 길이다. 호젓한 산길을 150여 미터가량 올라가자 숲 속 양지 바른 곳에 운상선원이 모습을 드러낸다.

 운상선원은 옛 선원인 운상원 터에 1989년 문을 연 33평 규모의 전통선원이다. 한 번에 20명가량 앉을 수 있으며 지난 여름에는 19명이 방부를 들이고 정진했다. 선방 안의 정면 벽에는 불상이 봉안돼 있고, 하안거 때 용상방이 한쪽 벽을 지키고 있다. 해제철이라 더욱 고요한 선방은 결제 · 해제를 구분하지 않고 정진한 두 납자의 방석이 앉은 흔적 그대로 오롯이 지키고 있다. 불상 맞은편 벽에는 납자들의 서열을 정한 좌차표座次表와 정진시간표가 추상같은 운상선원의 기강을 말해 주는 듯하다. 새벽 3시에 예불 및 입선으로 하루를 시작해 저녁 9시 잠

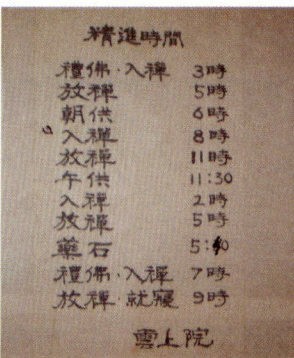
운상선원 정진 시간표

운상선원

자리에 들기까지 하루 10시간 정진이 기본이다. 선원의 수행청규 또한 빈틈없다. '삭발·목욕은 매달 음력 14일과 그믐에 한다. 결제중에는 산문을 지키며 마을로 내려가지 않는다. 대중청소는 매주 월요일 아침 공양 후 실시한다. 오후불식·오전불식·묵언 여부는 방(榜·소임분담)을 짤 때 정한다. 산철결제를 할 경우 두 달로 한다…'

공부하다 죽어도 좋다

칠불사는 1,900년을 넘는 사찰의 역사가 곧 선원의 역사라고 할 만큼 한국불교사에서 차지하는 위치가 중요하다. 예로부터 금강산 마하연 선원과 더불어 남북으로 쌍벽을 이룬 참선도량으로 알려져 왔고 서산西山 벽송碧松 부휴浮休 백암栢庵 무가無價 인허印虛 월송月松 등 수많은 선사들이 이곳에서 수행했다. 19세기 초 율사였던 대은大隱 금담錦潭 스님은 해동 계율의 맥이 끊어질 것을 우려하며 이곳에서 7일간 용맹기도한 끝에 대은 스님의 머리 위에 서광이 내리는 서상수계瑞相受戒를 받아 지리산 계맥을 수립했다고 한다. 한국 차 문화의 중흥조로 꼽히는 초의선사는 아자방에서 수행하는 틈틈이 '다신전茶神傳'을 초록했다.

근대에 와서는 1910년 칠불선원이 개원하면서 선풍이 크게 진작됐다. 용성 스님을 선원의 종주로 모신 이 해 하안거 정진 대중이 60명에 달했고, 이후 석우 효봉 금오 서암 일타 청화 스님 등의 근·현대 고승들이 대부분 이곳을 거쳐갔다. 1947년 금오 서암 스님 등 7~8명의 납자들은 칠불선원에서 안거하면서 '공부하다가 죽어도 좋다'는 서약서를 쓰고 죽기 살기로 정진했다고 한다.

그러나 칠불선원은 여순반란사건에 이어 1951년 지리산전투의 참화로 가람 전체가 잿더미가 됐다. 30년 가까이 잡초만 무성한 채 폐허로 방치됐던 칠불사를 지금의 대가람으로 복원시킨 이는 통광(通光 · 66 · 칠불사 회주) 스님이다. 쌍계사 승가대학장을 맡고 있는 통광 스님은 탄허 스님으로부터 경전을 배우고 전강을 받은 대강백. 1964년 10월 칠불사 아자방이 유명하다는 얘기를 듣고 찾아갔다가 "반드시 칠불사를 복원하겠다"는 서원誓願을 세웠다. 1978년부터 본격화된 칠불사 복원

텃밭

 불사는 문수전, 운상선원, 대웅전, 설선당, 요사채, 아자방, 누각, 종각, 주지실, 채공실, 보설루, 사적비 등으로 이어져 마침내 1997년 20년간의 대역사를 마치고 동국제일선원의 옛 가람을 회복했다.

 "칠불사 복원을 서원한 뒤 작은 초막을 짓고 문수보살 천일기도를 했어요. 문수보살의 명호를 부르며 잠도 잊을 정도로 용맹정진했지요. 또 '칠불암을 복원할 사람은 자네밖에 없네'라며 격려해주신 당대의 대도인 경봉 스님의 권유로 오대산 적멸보궁에서 삼칠일 기도를 용맹정진으로 했는데, 이때 큰 시주를 만났지요. 칠불암에서 다시 삼칠일 기도를 마치던 날에는 관세음보살로부터 '10년 이상 걸릴 불사이니 너무 조급해하지 말라'는 가르침도 받았어요."

 통광 스님은 오랜 기간의 불사에 대해 "한 생각 놓지 않고 매사에 임하면 어느 것 하나 공부 아닌 것이 없다"며 "삶 자체가 공부가 돼야 한다"고 설파한다. 도인이란 특별한 사람이 아니라 자기가 맡은 일을 책

운상선원 내부

임 있게 잘해 나가는 사람이라는 것. 그러므로 가는 곳마다 공부 장소로 여겨 참성품을 놓치지 않고 살펴야 한다고 노장은 강조한다.

"참성품에 대한 믿음이 흔들리지 않으면 천지가 무너져도 흔들리지 않습니다. 참성품을 놓치지 않고 살피는 것이 참선이요, 염불입니다. 번뇌가 일어나면 그 번뇌에 끄달려 갈 것이 아니라 번뇌가 일어난 곳을 살펴 그 번뇌의 실체가 없음을 사무쳐 알아야 해요. 그러면 본래의 참성품이 드러나고 깨닫게 되지요."

통광 스님은 그래서 '본래 부처'를 강조한다. 어떤 스님이 귀종선사에게 "어느 것이 부처입니까" 하고 물었다. 선사는 "내가 일러주고 싶지만 그대가 혹시 믿지 않을까 싶어 말할 수가 없네"라고 했다. 그 스님이 "제가 어찌 감히 선사의 말을 믿지 않겠습니까"라고 하자 선사는 이렇게 말했다. "네가 바로 부처니라." 통광 스님은 "내가 부처라는 것을 굳게 믿고 자신의 삶을 항상 부처행으로 산다면 그 삶이 얼마나 복되고 행복하겠는가"라며 참성품을 찾으라고 강조한다.

그 참성품을 찾기 위해 눈 푸른 납자들이 반야(지혜)의 보검을 불철주야로 갈고 있는 곳. 운상선원 바깥 기둥에 걸린 주련이 반야보검을 연마하는 납자들의 각오를 다그친다.

'塵勞逈脫事非常(진로형탈사비상 · 생사 해탈하는 것이 보통 일 아니니)
緊把繩頭做一場(긴파승두주일장 · 화두를 굳게 잡고 한바탕 애쓸지어다)
不是一番寒徹骨(불시일번한철골 · 차가움이 한번 뼛속을 사무치지 않았다면)
爭得梅花撲鼻香(쟁득매화박비향 · 어찌 매화꽃이 코 찌르는 짙은 향기 얻으리)
得樹攀枝未足貴(득수반지미족귀 · 나뭇가지에 매달리는 것 귀한 일 아니니)
懸崖撒手丈夫兒(현애살수장부아 · 천길 벼랑에 매달린 손을 놓아야 대장부라 하리)'

너, 나 없는 경지에서 모두 한 몸임을 알라

03 월 명 암   사 성 선 원

· · · · · · 신심이 깊은 불교 집안의 한 처자가 불경스럽게도 집에 찾아온 스님을 연모한다. 도반들과 며칠을 묵다 떠나는 스님을 붙잡고 처자는 부부의 연을 맺기를 간청한다. 스님은 뿌리치지만 처자는 죽기를 각오한 채 매달린다. 딸의 죽음을 목전에 둔 처자의 부모까지 나서 자비로써 제도해 달라고 읍소한다. 애욕愛慾을 초탈한 수행자로서 끝내 거부할 것인가, 죽음을 눈앞에 둔 사람부터 살려야 할 것인가.

수행하는 뜻은 중생을 이롭게 하는 데 있다 · ·

전북 부안군 변산면의 월명암月明菴을 찾아가는 길은 이런 화두와 함께 시작된다. 신라 진평왕 때의 부설浮雪 스님은 처자의 목숨을 구하는 일을 선택했다. 사람이 죽을 줄 뻔히 알면서 외면한 채 수행이 되겠

월명암 가는 길의 관음약수

는가. 목숨을 구하고 수행해도 늦지 않을 것이라고 생각했던 것이다. 환속한 부설은 처자와 부부의 연을 맺고 아들, 딸을 낳았다. 그리고 수행을 계속해 마침내 깨달음을 이뤘다. 또한 스님을 환속케 한 묘화 부인은 110세까지 보살행을 실천하다 입적했고, 아들 등운登雲과 딸 월명月明도 출가해 모두 득도得道했다.

월명암은 부설 거사가 스님일 때, 도반인 영조·영희 스님과 함께 지리산을 거쳐 변산에 와서 세웠던 묘적암妙寂庵 바로 옆에 자리한 암자다. 월명암에서 발견된 '부설전浮雪傳'에 따르면 부설은 신라 진덕여왕 원년에 태어나 5살에 불국사로 가서 원정 선사를 섬기다 삭발하고 '부설'이라는 법명을 받았다. 영조·영희 스님은 출가 후 사권 도반들로, 함께 수행해 성불하자고 맹세했다. 그리고 지리산에서 3년간 경전을 공부하고, 천관사에서 5년간 참선한 뒤 내변산 법왕봉 아래에 묘적암을 짓고 10년간 묵언정진했다.

그 후 세 스님은 문수보살이 상주하는 도량인 오대산으로 가다가 김제 두릉(杜陵·만경의 옛 이름)에서 구무원仇無寃이라는 불교신자의 집에서 며칠을 머물다 부설은 그의 딸 묘화로 인해 환속하게 됐던 것이다. 이때 길을 떠나던 영조·영희 스님은 부설의 환속을 안타까워하면서 게송을 한 편씩 지어 줬는데 영희 스님은 "언젠가 엎질러진 물을 다시 담아 먼 훗날 다시 발걸음을 이어보세"라고 했다. 이에 부설은 "도道라는 것은 승려의 검은 옷과 속인의 흰 옷에 있지 않으며, 번잡한 거리와 조용한 초야에 있는 것도 아니니 모든 부처님의 뜻은 중생을 이롭게 하는 데 있다"며 속세에서 깨달음을 이룰 것을 다짐한다.

월명암

세월이 지나 두 스님이 다시 찾아오자 부설 거사는 3개의 병에 물을 담아 들보 위에 매달아 놓고 각자 방망이로 하나씩 후려치게 한다. 두 스님이 친 병은 깨지고 물도 쏟아졌으나 부설이 친 것은 병만 깨지고 물은 병 모양 그대로 매달려 있었다. 부설은 두 스님에게 "무상한 몸의 환영은 삶과 죽음을 따라 옮겨 흐르는 것이 병이 깨지는 것과 같다. 그러나 본바탕은 신령스럽고 밝아 물이 허공에 매여 있는 것과 같다"고 했다. 부설 거사가 곧 열반에 들자 등운과 월명은 아버지의 사리를 모신 묘적암 인근에 각각 초막을 짓고 수행했으며 그 초막이 등운암과 월명암이라고 전해온다.

아무리 명당이라도 다 자기 할 나름···

월명암으로 오르는 길은 가파르다. 웬만한 절이나 암자에까지 찻길이 나 있는 지금도 월명암은 걸어서 올라가는 길밖에 없다. 내변산 입구의 남여치매표소에서 2킬로미터가량이다. 가파른 산길을 1시간쯤 걸어 오르자 두 개의 바위가 신선처럼 정상을 지키는 봉래산 쌍선봉 아래에 월명암이 앉아 있다. 월명암을 400미터쯤 못 미친 곳에 있는 옹달샘(관음약수) 옆에 "참선수도 전문도량이며 불자들의 성지 및 기도처이므로 사찰 경내에서는 조용히 하라"는 내용의 안내판이 걸려 있다. 쌍선봉, 낙조대, 월명암으로 갈라지는 갈림길에서 내리막으로 갔다가 언덕을 타고 오르자 월명암이다. 산중에 어디 이런 터가 있었을까 싶을 만큼 확 트여 기운이 수승秀勝하다.

'月明菴'이라는 편액을 단 건물 앞에 '부설전'에 관한 안내문이 있는데 부설 스님의 행적과 일화, 월명암의 연혁, 영희·영조 스님의 수도생활, 부설 거사의 선시 등이 수록된 행서체 필사본이라고 알려준다. 이 건물에서 100미터쯤 떨어진 곳에는 '妙寂庵' 편액을 단 건물이 있는데 여기가 원래 묘적암 자리라고 한다.

월명암 경내는 고요하다. 인적이 없어 한참을 두리번거리고 있을 즈음 나타난 공양주 보살에게 선원장 스님의 처소를 물어보니 "지금은 정진 중"이라고 한다. 잠시 후 선원장 일오(一悟·64) 스님이 관음전 위쪽 선방에서 내려와 차실로 안내한다. 2003년부터 선원장을 맡고 있는 일오 스님은 1965년 월인 스님을 은사로 고향인 경남 함양 상연대에서 출가해 줄곧 전국의 선방에서 정진해온 선사다. 한번 앉으면 꿈쩍도 않는다고 해서 수좌계에선 법전 조계종 종정처럼 '절구통 수좌'로 유명하다.

"원래 월명암 터에는 법당이 세워졌고, 등운암 터에는 지금 사성선원四聖禪院이 자리 잡고 있어요. '사성'이란 부설 거사를 비롯한 일가족 4명이 모두 득도해 성인이 된 것을 뜻합니다. 월명암과 부설 거사의 이야기는 구전으로만 전해오다 '부설전' 필사본이 월명암에서 발견되면서 사실로 확인됐지요. 사중에 굴러다니던 걸 월인月印 스님이 한국전쟁 후 소실된 절을 중건해 살면서 발견했지요."

일오 스님은 "월명암이 일제 때와 한국전쟁 때 전소되다시피 한 상황에서도 '부설전'이 소실되지 않은 것은 묘한 일"이라고 했다. 옛날 건물 가운데 방 1칸, 부엌 1칸이 타지 않고 남았는데 거기에 '부설전'이 있었던 것 같다는 설명이다. 부설거사 일가족의 중생제도 원력願力이 '부설전'을 살아남게 했을까.

월명암은 예로부터 전국의 몇 안 되는 '산상무쟁처山上無諍處'로 이름이 높다. 산상무쟁처란 뛰어난 경치와 땅의 기운으로 인해 스스로 번뇌와 분별이 끊어지고 가라앉는 장소를 이르는 말. 월명암은 대둔산 태고사, 백암산 운문암과 함께 호남의 3대 영지로 손꼽히는 곳이다. 그러

사성선원으로 들어가는 사성문

나 일오 스님은 이런 이야기에 대해 "비유일 뿐"이라고 경계한다.

"아무리 좋은 터라도 자기가 정진하지 않으면 소용없습니다. 정진을 열심히 해야 그 터의 효과를 누릴 수 있는 것이죠. 수행하지 않아도 터만 좋으면 된다면 누구나 명산만 찾아다니지 않겠어요? 다 자기 할 나름입니다. 지리산 칠불암은 졸음이 많은 곳이라 보림지로 적당한 데 비해 월명암은 조도처助道處로는 호남제일이죠. 영남에선 현풍 도성암이 좋고요."

사실 월명암은 터는 좋지만 생활이 편하지는 않은 곳이다. 해발 400미터가량의 고지대에 있는 데다 찻길이 없어 가파른 산길을 걸어서 올라야 한다. 1992년 사성선원을 개원할 땐 건축 재료들을 일일이 져 날라야 했고, 전기가 없어 손연장으로만 공사를 마쳐야 했다. 물도 넉넉하지 않고 이름이 알려지면서 등산객·관광객들이 많이 찾아와 수행에 지장을 주기도 한다. 월명암에서 내소사까지 가는 등산 코스가 유명해서 절도 보고 등산도 하려는 사람들이 꽤 많다.

그런데도 수행의 전통은 언제나 살아 숨 쉰다. 월명암에 여럿이 모여 수행하는 선원이 생긴 것은 1915년. 학명鶴鳴 스님이 등운암 자리의 초가집 방 2개를 선방으로 삼아 봉래선원을 열면서부터다. 1927년 해안海眼 스님이 봉래선원을 호남제일선원으로 일으켰으

'묘적암' 편액(위)과 사성선원에서 정진중인 일오 스님

나 한국전쟁 때 월명암이 전소되면서 선원이 문을 닫았다. 그러나 이후에도 묘적암에서 3~4명이 정진을 계속했고, 1992년에는 종흥宗興 스님이 정면 5칸의 선원 건물을 신축해 사성선원을 개원했다.

지금까지 이곳을 거쳐간 스님들의 면면이 쟁쟁하다. 근대 고승인 학명 용성 고암 해안 월인 만허 소공 스님 등이 월명암에서 정진했고, 원불교를 창교한 소태산 박중빈 대종사와 그 뒤를 이은 정산 종사도 이곳에서 한때 공부했다고 한다. 또 사성선원이 문을 연 이후에는 재작년 입적한 전 고불총림 백양사 방장 서옹 스님이 조실을 맡아 납자들을 지도했다. 사성선원과 묘적암에 걸린 서옹 스님의 친필 편액은 지금도 살아 꿈틀대는 듯하다.

눈 먼 사람은 길을 인도할 수 없다···

사성선원의 안거 정진 대중은 10명 안팎이다. 지난해 하안거에는 8명이 정진했고, 이번 동안거에는 대웅전을 원래의 월명암 터로 옮겨짓는 불사 때문에 방부를 받지 않았다. 그러나 선원장 일오 스님은 혼자서 선방을 지키며 정진을 멈추지 않는다.

"숙세의 인연이 깊고 근기가 뛰어나 한 번에 모든 공부를 다 해치우면 좋겠지만 그렇지 않은 사람들은 부지런히 하는 수밖에 없어요. 출가 수행자는 누가 뭐라 해도 첫째가 정진이거든요. 부처님은 '눈 먼 사람은 길을 인도할 수 없다'고 하셨어요. 부처님이 아난존자에게 남긴 유교경에는 당신의 다비식에도 참여하지 말고 정진만 하라고 당부하신 걸로 돼 있습니다. 확실히 깨달아야 중생을 제도할 수 있으니까요. 아무리 말세에 살아도 정신 차리고 정진하면 그 사람은 말세인이 아닙니다."

일오 스님은 "부설 거사 이야기도 삼생의 연분으로 도과(道果·깨달음)를 얻으려는 원력으로 봐야 한다"고 해석한다. 부설 스님은 인연이나 정분에 끌려 퇴속한 게 아니라 성불하고자 하는 숙세의 원력이 뭉쳐 도과를 성취하기 위한 한바탕 무대를 연출한 것이 아니겠느냐는 얘기다. 깨달음을 향한 간절한 원력이 빚어낸 방편적 이야기를 속세의 상식이나 도덕 기준으로 보면 맞지 않는다는 것. 어릴 때 출가한 아들을 만나러 어머니가 찾아오자 창고에 가둬놓고 굶겼고, 분심이 난 어머니가 그 자리에서 깨달아 좌탈坐脫했다는 중국 선종의 5조 홍인弘忍대사 전생 이야기나, 부처님 당시 비구니가 된 어머니가 비구인 아들을 찾아갔다가 "아직도 버리지 못했느냐"는 경책만 받고 돌아와 "저 아들은 내가 의지할 데가 못 된다"며 분발·정진해 깨달았다는 꾸마라 비구의 이야기가 그런 사례다.

"옛날 스님들은 공부의 진전이 없거나 더뎌서 발버둥칠 땐 속에 불이 난다고 했는데 그런 것이 용맹심의 계기가 되기도 해요. 물론 깨달음이 얼른 이뤄지지 않는다고 갑갑해하면 그게 오히려 망상이 되고 혹을 붙이는 것이지만 공부할 땐 분심이 있어야 돼요. 승찬 스님의 '신심명'이나 영가현각 스님의 '증도가'를 보면 일초즉입여래지—超卽入如來地가 어떻게 되는지 분명히 드러나 있는데, 한 번 깨달아 부처님의 경계에 이른 분들을 보면 정말 부럽고 나도 저렇게 해야겠다는 발심이 생기죠."

그런데 깨달은 사람들은 정말 멀리 있는 것도 보고 듣고 전생과 미래의 일도 아는 등의 5신통(五神通·신통력)을 갖추게 되는 걸까. 일오 스님은 "초기 불교에선 신통자재한 분들이 많지만 조사선에서는 신통을 내세우지 않는다"고 설명한다. 다만 모든 진리는 본래 마음자리에 갖춰져 있으므로 번뇌 망상이 없어지면 스스로 알아지게 된다고 한다. 육안으로는 종이 하나만 가려도 앞을 못 보지만 혜안慧眼과 천안天眼이 열리면 눈에 의지하지 않고도 멀리 볼 수 있다는 것이다. 부설 거사가 물병을 깨고 물은 병 모양으로 매달려 있게 한 것은 어떻게 봐야 할까. 육신을 벗어나 본래 마음이 뚜렷이 드러난 생사도리生事道理를 비유한 데 뜻이 있는 것이며 신비스러운 것만 보면 본래 뜻을 왜곡한다고 일오 스님은 지적한다.

"지금 '나'라고 집착하는 존재는 언젠가 없어지므로 너, 나 없는 경지에서 모든 중생이 한 몸임을 알면 자비심이 안 나올 수 없어요. 그래서 부처님은 "허망한 '나'는 분별망식에 의한 것이니 빨리 벗어나라. 그러면 일체중생에게 갖춰진 부처세계를 만난다"며 연기緣起와 무아無我를 강조하셨지요. 또한 이 순간, 현재 드러난 이 마음에 항상 깨어 있도록 가르치셨고요. 현존하는 내가 깨어 있는 상태에서 모든 티끌을 벗고 홀로 뚜렷한 도리, 분별망식이 다 소진돼 또렷이 남아 있는 한 생각, 티끌 하나 붙을 수 없는 존재요 과거·미래·현재의 시공도 다 끊어져 다시는 생사를 받지 않는 것, 그게 유아독존唯我獨尊입니다."

묘화, 등운, 월명의 인연이 닿은 산중에 눈이 내린다. 부설 거사가 이 겨울 중생들을 위해 내리는 법문일까.

4부
불성에 남녀가 있겠느냐

본디 남북이 없는데, 동서가 어디 있겠는가
01 수덕사 견성암선원

· · · · · 가만히 앉아 있어도 땀이 얼굴이며 목덜미를 타고 내리는 한낮의 선방. 점심 공양을 끝낸 스님들이 각자 처소에서 쉬는 사이에도 한 수좌는 선방 한쪽에 앉아 좌선중이다. 가지런히 놓인 수십 개의 좌복들 가운데 한 점으로 앉아 있는 그 모습에선 미동微動도 찾을수가 없다. 번뇌 망상을 없애고 화두를 타파해 자성自性을 깨치려는 간절함만 있을 뿐….

토굴에서 시작한 최초의 비구니 선원 · · ·

비구니 참선도량 1번지로 꼽히는 덕숭산 수덕사 견성암선원. 수덕사 경내에 들어서 대웅전으로 올라가는 방향에서 왼쪽으로 꺾어 언덕을 오르면 지하 1층, 지상 2층의 석조건물이 눈에 들어온다. 석조건물에

점심공양 후 빈 선방에서 홀로 정진중인 스님

기와를 얹은 모양이라 밖에서 보면 여느 선원의 전통 목조건축물과는 사뭇 다른 현대적인 느낌을 준다.

그러나 건물 1층의 큰방(선방)에 들어서면 여느 선방과 크게 다르지 않다. 정면에는 대중생활을 위해 각자의 역할을 정해 놓은 용상방龍象榜이 걸려 있고 방석 겸 이불로 사용하는 좌복이 줄지어 놓여 있다. 다른 선방과 다른 점이라면 규모가 무척 크다는 것. 큰방은 장판지 100장을 깔아야 할 만큼 넓다. 그래서 통상 좌복을 두 줄로 놓고 서로 등을 돌린 채 면벽 정진하는 여느 선방과 달리 견성암 선방에는 좌복이 5줄이나 깔려 있다. 출입문 정면 벽에는 만공滿空 스님의 사진 아래에 용상방이 붙어 있고 왼쪽 벽에는 '世界一花(세계일화)' 라는 글씨가 걸려 있다.

큰방에서 나와 계단을 따라 2층에 오르면 조석예불을 모시는 법당이다. 법당 입구에 만공 스님의 친필 현판 '見性庵(견성암)'과 '七斤樓(칠근루)'라 쓴 편액이 걸려 있고 법당 안에는 수좌들의 가사가 가지런히 정리돼 있다.

선방과 법당이 있는 석조건물 왼편에는 정면 10칸·측면 7칸의 목조건물인 서선당西禪堂이 있고, 그 맞은편에는 콘크리트로 지은 2층 건물인 동선당東禪堂이 있다. 2003년에 완공한 동선당은 스님들이 직접 전국에서 탁발해 이룬 불사라고 수좌 혜봉慧峰 스님은 전한다. 견성암은 전체가 선원으로서 찾아오는 신도 외에는 포교를 하지 않고 여느 사찰이나 암자처럼 초하루 법회도 하지 않기 때문에 살림이 넉넉할 수가 없다. 이 때문에 견성암에선 "물 아끼세요, 전기 아끼세요" 하는 말을 입

견성암

에 달고 산단다. 또 상주하는 스님들이 많은 데다 예순을 넘은 노스님들을 보기 힘든 다른 선방과 달리 노덕老德들이 많기 때문에 2층에는 연로한 스님들을 위해 25개의 방을 마련했는데, 전기세를 방별로 부담하도록 한다니 전체 살림이 얼마나 빠듯한지 짐작케 한다.

견성암은 1900년대 초 수덕사 위쪽, 덕숭총림의 비구선원인 능인선원이 있는 정혜사 오른편 위의 두 칸 남짓한 토굴에서 시작한 근대 한국 불교 최초의 비구니 선원이다. 수덕사의 부속 암자지만 창건 때부터 선원으로 출발했기 때문에 암자와 선원의 역사가 동일하다. 창건 시기가 확실하지는 않지만 만공 스님으로부터 깨달음을 인가받은 법희(法喜 · 1887~1975) 스님이 1913년부터 견성암에서 정진했으므로 최소한 그 이전에 견성암이 있었을 것으로 추정된다.

당시 견성암은 좁고 불편했지만 결제 때만 되면 40~50명의 선객들이 북적거렸다고 한다. 덕숭문중의 개조開祖이며 경허 스님에 이어 근대 한국 불교의 선풍을 진작한 만공 스님의 가르침을 받기 위해서였다. 만공 스님은 1928년 '견성암방함록서見性庵芳啣錄序'를 써 견성암이 명실상부한 비구니 선원임을 공표한다. 이후 견성암은 초가집, 기와집으로 발전하며 수많은 납자들의 수행처로 각광받았다. 1916년 만공 스님으로부터 법(깨달음)을 인가받아 비구니 법맥을 중흥시킨 법희 스님을 비롯해 개화기의 여류시인으로 신여성 운동을 주도하다 불문에 귀의한 일엽(一葉 · 1896~1971) 스님, 일타 스님의 속가 누나인 응민(應敏 · 1923~1984) 스님 등 수많은 선지식을 배출했다.

그래서 견성암에는 지금도 안거 때면 100명 안팎의 선객들이 모여들 만큼 구도열이 높다. 이번 하안거에 정진중인 스님은 모두 75명. 새벽

3시 도량석부터 밤 9시 방선放禪에 이르기까지 잠시도 방일放逸할 틈이 없다. 대중 살림인 만큼 소임은 임기제로 돌아가면서 맡는다. 임기는 3년의 선원장부터 3개월의 원주·별좌에 이르기까지 다양하다. 그 중에서도 무언無言 중에 죽비 하나로 수좌들의 공부를 지도하는 입승이 가장 힘든 소임이라고 한다.

그대로가 천진불, 일엽 스님

"견성암은 역사가 깊을 뿐만 아니라 이름 그대로 견성한 스님들이 많이 나온 곳입니다. 법희 일엽 응민 만성 수업 스님 등 손꼽기도 벅차지요. 일반적으로 비구니는 비구에 비해 근기가 약해 오래 정진하기 힘들지만 비구니가 견성하고 도인이 나온 곳은 견성암뿐입니다. 해방 전에는 변변한 선방도 없었지만 상근기를 가진 큰스님들이 많이 정진했지요."

점심 공양 후 방선 시간에 짬을 내 동선당에서 만난 선원장 성원(性圓·74) 스님의 설명이다. 견성암 출신 선지식 가운데 법희 스님은 근대 비구니 선맥의 중흥조로 손꼽힌다. 네 살 때 외할머니 등에 업혀 절에 들어온 법희 스님은 25세에 새롭게 발심해 피나는 수행정진과 구도행각 끝에 3년 만에 견성했다. 심안心眼이 열린 법희 스님에게 만공 스님은 '묘리비구니법희妙理比丘尼法喜'라는 법호와 함께 전법게를 내렸다. 법희 스님은 이후 60여 년 동안 견성암을 중심으로 윤필선원, 보덕사, 천성산 내원사, 승가사 선원 등지에서 수좌들을 지도했다.

"정혜사 뒤쪽 초가집에서 공부할 땐 만성, 일엽 스님을 모셨어요. 일엽 스님은 늘 '정진하라, 정진하라'고 경책하셨지요. 세인들은 일엽 스님을 화려한 연애담의 주인공쯤으로 생각하는 모양이지만 잘못 알려진 게 너무 많아요. 일엽 스님은 평생을 혹독하게 정진한 참 수행자였습니다. 제가 스물한 살 때부터 일엽 스님이 열반하실 때까지 같이 생활했는데 선배 수행자로서 정말 존경스럽고 본받을 게 많았어요. 시인의 업業을 못 버려서 자나 깨나 글을 썼지만 알고 보면 그대로가 천진불天眞佛이었지요."

이화여전 출신의 문필가요 여성운동가였던 일엽 스님은 33세 때인 1928년 금강산 서봉암에서 출가해 1933년 평생 수도처가 된 견성암에 안착한 뒤 25년간 산문을 나가지 않은 채 오랫동안 입승 소임을 봤다. 선방에 있으면서도 '어느 수도인의 회상'(1960), '청춘을 불사르고'(1962) 등의 저서를 잇달아 냈고, 직계 법제자만 100명을 넘었다.

알되 행하지 않으면 수박 껍질만 먹는 것··

14살 때 견성암으로 출가한 성원 스님은 초가집, 기와집 선원에서 공부할 땐 고생도 많았다고 했다. 새벽 3시에 일어나 꽁보리밥을 도시락으로 싸서 홍성까지 30리 길을 걸어가서 장을 보고 돌아오면 다음날 새벽 3시였다는 것. 견성암이 1965년 지금 자리에 석조건물을 지어 이

사한 것도 이런 고통을 덜어주기 위해 벽초 스님이 애를 쓴 덕분이라고 한다. 시설이야 옛날보다 편해졌다지만 참선 정진하는 일이야 어디 쉬워졌을까.

"생사를 걸고 하는 일이 쉬울 리가 있습니까. 피나는 어려움이 따르지요. 그 일이 쉽다면 머리 깎고 산중생활을 해야 할 이유도 없겠지요. 이 더운 날, 선풍기도 없이, 땀이 줄줄 흐르는 것도 잊은 채 정진하는 것은 성불하겠다는 일념 때문이지요. 요즘 젊은 스님들의 공부 열기도 대단합니다. 땀이 줄줄 흘러도 용맹정진하며 한 치의 흐트러짐도 없는 모습을 보면 늙은 제가 오히려 부끄러울 정도예요. 깨달음을 위해 스스로 발심 發心하는 경우가 많고, 반드시 견성하겠다는 일념이 대단해서 보기에도 흐뭇하지요. 화두 공부라는 것이 금세 진전이 있을 수는 없지만 젊은 사람들이 좌복에 앉아 졸음과 온갖 망상을 조복받는 것만 해도 큰일이요, 그게 굳어지면 성불하는 겁니다. 사람이 하루만 노력해도 대가가 있는 법인데 일평생 하면 얼마나 기막힌 대가가 있겠어요?"

성원 스님은 이렇게 젊은 수좌들을 칭찬했다. 지금도 깊은 산중 토굴에서 뼈를 깎는 스님들이 한둘이 아니라는 것. 산중에서 나무 열매 따 먹고 흐르는 물 마시며 못 먹고 못 입고 정진하는 스님들이 있기에 불법이 땅에 떨어지지 않고 선등禪燈을 밝힌다는 설명이다. 노장은 "화두를 들고 세상일을 마치면 대선지식보다 낫다"면서 "처사님도 한번 해보라"고 권한다. 하지만 세상 속에 사는 사람이 화두를 들고 참선하는 일이 쉽지는 않을 터. 끊임없이 파고드는 망상과 잡념은 또 어떻게 할 것인가.

"사람은 원래 망상 속에서 태어났어요. 이 몸뚱이가 망상덩어리 아닙니까. 그러나 신심과 일념으로 공부하면 망상은 줄고 화두에 집중하게 돼요. 불법佛法을 알되 그것을 행하지 않으면 수박 껍질을 먹는 것과 같습니다. 일념으로 정진해야 수박의 빨간 속을 맛보게 되지요. 남이 아무리 뭐라고 설명해도 결국 성불은 각각 하는 겁니다."

화두는 문자로 배우는 게 아니요 말로 설명하는 것도 아니다. 삼라만상이 마음 가운데 꽉 차 있어 처음엔 화두가 잘 들리지 않지만 자꾸 하다 보면 화두에 빠져들게 되고 나중엔 곧바로 화두일념이 된다고 한다. 성원 스님은 "사람들이 뭔가 손에 지니고 쌓으려 하다 보니 그 욕심 때문에 마장魔障을 벗어나지 못한다"며 "버릴 땐 버리고 가질 땐 갖는 개차법開遮法을 염두에 두라"고 강조한다. 개차법이란 계율을 지킴에 있

선원장 성원 스님

어 상황에 따라 열고 닫는 것. 계율에 얽매여 더 큰 것을 잃어버리면 안 된다는 뜻이 담겨 있다. 그러나 노장의 말씀은 역으로, 불가피한 욕심은 내더라도 필요 이상의 욕심은 내지 말라는 뜻으로 들렸다.

"내 마음을 쉬어야 해요. 정진을 꾸준히 하면 마음이 쉬어지는데 그렇지 않으면 끊임없이 마음속에서 솟구쳐요. 마음에서 이것저것 털어내 버리세요. 시시비비 논쟁도 내 욕심이 없으면 쉽게 끝나거든요. 그런데도 명리를 더 얻으려고 죽이고 살리고 하는 거 보면 참 안타까워요. 업만 키우는 일인데 말입니다. 업은 뭔가 더 얻고 더 쌓으려 할수록 커지거든요."

하산하는 길, 일엽 스님이 살았던 견성암 아래 환희대歡喜臺의 원통보전 앞마당 정자에 걸린 쪽지에 적힌 선시禪詩가 마음을 끈다. '本是無南北(본시무남북 · 본디 남북이 없는데) 何處有東西(하처유동서 · 동서가 어디 있을까) 天地本虛空(천지본허공 · 천지가 본래 허공이니) 白雲無定處(백운무정처 · 흰구름은 정처가 없도다)'

너는 어디로 갈 것이냐?

02 은 해 사   백 흥 암 선 원

"왜 이렇게 늦었어요? 내내 기다리다가 이제 외출하려고 하는데…. (난 나갈 테니) 점심 공양이나 하고 가슈!"

약속시간보다 한참 늦게 도착한 데 대한 주지 스님의 꾸지람이다. 외출한다는 얘기도 농이 아닌 모양이다. 목도리를 두른 채 밀짚모자까지 썼다. 낭패감이 뇌리를 스치는데 스님이 다시 한마디 툭 던진다.

"근데 뭘 취재할 거유?"

스님은 외출하려던 발길을 돌려 객을 방으로 안내하고 점심상을 내오라고 한다. 행자나 사미니(예비승)인 듯 나이 어린 스님이 내온 점심 메뉴는 단출하다. 쌀과 보리, 율무를 섞어 지은 밥과 배추김치, 갓김치, 감자채볶음, 재피잎절임,

육문 스님

그리고 밭에 다시 심어도 살 것처럼 싱싱한 상추. 절집에서 먹는 상추 쌈 맛이 기막히다.

스스로 문을 걸고 궁핍하게 살더라도···

경북 영천의 팔공산 은해사에서 북서쪽으로 산길을 따라 2킬로미터 쯤 올라가야 하는 백흥암百興庵. 신라 경문왕 9년(869년) 선종 9산의 하나인 동리산문桐裏山門의 개창조인 혜철 국사가 창건한 고찰이다. 창건 당시에는 주위에 잣나무가 많다고 해서 백지사栢旨寺라고 했다. 조선시대에는 훗날 인종으로 왕위에 오른 태자의 태胎를 팔공산에 봉안하면서 은해사와 함께 왕실의 원찰이 돼 번창했고, 명종 때인 1546년 천교天敎 스님이 절을 중창해 백흥암으로 이름을 바꿨다. 조선 후기까지도 여러 차례 중건됐으나 근·현대에 들어와 사세가 퇴락을 거듭했다. 하지만 지금은 청정수월도량淸淨水月道場으로 이름 높은 비구니 선원이다.

"이곳에 온 지 25년이나 됐어요. 지금까지 일을 참 많이 했지요. 처음 왔을 땐 길도 제대로 없었는데 저 길 닦는 데 내 청춘 다 갔어요. 엊그제 온 것 같은데…."

주지 육문(六文·60) 스님이 선원장 영운(靈雲·61) 스님과 함께 1981년 이곳에 처음 왔을 때 백흥암은 폐사 직전의 상황이었다고 한다. 극락전·방장실·심검당·명부전·나한전 등이 있기는 했지만 불상의 개금

이 떨어져 얼룩덜룩하고 지붕의 기왓장이 허물어져 비가 새는 등 폐사나 다름없었다는 것. 바로 그해 보물 제790호인 극락전을 해체복원하면서 중창불사를 시작했고, 극락전 오른편의 심검당尋劍堂부터 수리해 그해 동안거부터 선원을 개설했다.

"막상 선원을 열었지만 처음엔 고생이 무척 심했어요. 심검당 수리가 끝나기 전에는 선방도 없이 방장실에서 7~8명이 참선을 시작했는데 살림이 빠듯해 인근 갓바위에서 쌀을 얻어다 먹었지요. 절 앞까지 찻길을 내기 전이어서 쌀을 얻어올 때면 저 아래 치일저수지에서 반 가마씩 나눠서 지고 왔어요. 극락전 해체복원 때에만 나랏돈을 받았고 나머지는 다 우리 힘으로 했어요. 절 앞까지 길을 낼 땐 직접 돌을 등짐으로 날랐으니 도량 안팎에 손길이 안 미친 곳이 없지요."

은해사에서 백흥암, 중암암, 반야봉으로 이어지는 길은 주말 등산객이 줄을 잇는 유명한 등산로다. 하지만 백흥암은 일반인들이 드나들 수 없는 제한구역이다. 대문에 해당하는 보화루寶華樓는 일 년 내내 굳게 잠겨 있다. 선원의 수행환경을 보호하기 위해서다. 비구선원으로서 신도와 일반인의 발길을 막고 오로지 수행에만 몰두하는 문경 봉암사처럼, 백흥암은 스스로 문을 걸고 궁핍한 살림살이를 자치한다.

그렇다 보니 다른 선원보다 울력이 많다. 1988년부터 전기가 공급되기 이전에는 나무를 해다가 불을 땠고, 목욕물도 불을 때서 데워야 했다고 한다. 지금도 쌀을 제외한 채소류는 직접 길러서 먹는다. 고추만 해도 300근을 자급자족하며 1,500포기나 되는 김장용 배추도 절 앞·뒤 채마밭에서 직접 재배해서 쓴다. 다음해 5월까지 먹을 수 있도록 담그는 김장은 겨울김치 11동이, 여름김치 3동이, 동치미, 갓김치, 알타

일 년 내내 굳게 잠긴 보화루

리김치 등 종류도 다양하다. "무위도식無爲徒食은 용서하지 않는다"는 게 육문 스님의 지론. 장작을 패고, 나물을 뜯으며 소채를 가꾸는 등 울력은 선원에서 노동 이상의 의미를 담고 있기 때문이다.

살림이 빠듯해도 백흥암에선 '돈 되는' 일을 하지 않는다. 신도들에게는 초하루에만 개방하고 재齋도 올리지 않는다. 법당에는 인등引燈도 없다. 부처님 오신 날에는 등값을 따로 매기지 않고 신도들이 알아서 내도록 한다. 멀리서 누가 찾아오겠다거나 기도하러 온다고 하면 "서울 사람은 서울에서, 부산 사람은 부산에서 재 지내면 되지 않느냐. 처처處處에 부처님 안 계신 곳이 없으니 기도는 집에서 하면 된다. 굳이 절에 와서 할 필요가 있느냐"며 거절한다. 법문도 잘 하지 않는다.

육문 스님이 "산골 무 맛 좀 보라"며 뿌리를 뽑아온다.

부처님 말씀이 경전에 다 나와 있고, 조사어록에도 다 있는데 굳이 말할 필요가 있느냐며 백홍암을 온전한 수행공간으로 만드는 데 정성을 쏟는다.

"부처님 복이 무량해서 수행만 잘 하면 밥 먹고 사는 데 지장이 없어요. 명심보감 순명順命편에도 '만사분이정萬事分已定인데 부생공자망浮生空自忙'이라고 했어요. 만사가 다 분수가 정해져 있는데 공연히 욕심내서 바쁘게 살 게 있나요. 주리면 먹고 곤하면 자는 게 사람 사는 이치예요. 참선은 말로 하는 게 아니라 말 끊어지는 자리를 찾는 겁니다. 그래서 조사들은 참선을 하려면 많은 말이 필요 없다若欲參禪 不用多言고 했고 승찬 스님도 '신심명信心銘'에서 '말과 생각이 많으면 더욱더 상응하지 못하고 말과 생각이 끊어지면 통하지 않는 곳이 없다多言多慮 轉不相應 絶言絶慮 無處不通'고 했어요."

조그만 티끌 속에 시방세계가 다 들어 있다···

지금도 백홍암의 선원은 심검당이다. 심검당이란 번뇌를 단번에 자를 수 있는 지혜의 칼을 찾는 집이라는 뜻. 여느 선원이 사찰의 본채에서 뚝 떨어진 곳에 있는 것과 달리 백홍암 선방은 본존불을 모신 극락전과 그 오른편의 조실방, 누각인 보화루寶華樓, 선방 뒤편의 후원 등과 다닥다닥 붙어 있다. 선객들이 불편해하지 않을까. 하지만 선원장 영운靈雲 스님은 "선방 납자와 후원 대중이 서로 조심하니 오히려 공부가 더 잘 된다"며 "여럿이 함께 있으면 참선 못지 않게 인욕법도 배운다"고 말한다. 원래 심검당 맞은편 방장실에 걸려 있다가 방장실 보수공사 때문에 보화루로 자리를 옮긴 여섯 폭 주련이 선방의 크고 작음에 걸리지 말라고 일러준다.

선방인 심검당 내부

'我觀維摩方丈室(아관유마방장실 · 내가 유마거사의 방장실을 둘러보니) 能受九百万菩薩(능수구백만보살 · 능히 구백만 보살을 받을 수 있겠네) 三萬二千獅子座(삼만이천사자좌 · 삼만이천 개의 사자좌를) 能悉容受不迫迮(능실용수불박책 · 모두 들이고도 비좁지 않아) 又能分布一鉢飯(우능분포일발반 · 능히 한 발우의 밥을 나누어도) 壓飽十方無量衆(염포시방무량중 · 시방의 무량대중 배 불리리라)'

추사秋史가 유배에서 풀려나던 해에 쓴 '十笏方丈(십홀방장)'이라는 편액과 그 아래 여섯 기둥에 걸려 있던 주련인데 편액은 보이지 않고 주련만 '山海崇深(산해숭심)'이라는 편액 아래에 걸려 있다. 주련의 글은 송대의 문장가 소동파가 지은 '석각화유마송(石恪畵維摩頌 · 석각이 그린 유마거사상을 읊음)'에서 따온 글귀인데 유마경 '부사의품不思議品'에 나오는 '십홀방장'의 이야기를 담고 있다.

유마거사가 어느 날 꾀병을 부려 문수보살을 비롯한 여러 보살과 십

추사가 쓴 '산해숭심' 편액과 주련들

대제자 등 수많은 사람들을 문병 오게 했는데, 사방 한 길 밖에 되지 않는 방에는 의자가 하나뿐이다. 사리불이 '의자가 하나밖에 없으니 이 많은 사람들이 다 어디에 앉을까?'라고 생각하고 있는데 이를 알아차린 유마거사가 이렇게 물었다. "사리불이여, 여기에 도를 구하러 왔는가, 의자를 구하러 왔는가?" 사리불이 "법을 위해서 왔다"고 답하자 유마거사는 다른 불국토 세계에 가서 의자를 가지고 온다. 그런데 3만 2,000개의 사자좌를 유마거사의 좁은 방 안에 다 들여오고도 공간이 남았다. 그야말로 불가사의한 일이지만, 화엄경 법성게에서도 '일미진중함시방(一微塵中含十方·조그만 티끌 속에 시방세계가 다 들어 있다)'이라고 하지 않았던가. 눈에 보이는 넓이보다는 마음의 넓이, 지혜의 넓이가 중요하다는 얘기다. 영운 스님은 "이 산 저 산이 다 내 집"이라고 했다.

　백흥암 선원의 결제 대중은 대체로 25명가량 된다. 곧 시작되는 올해 동안거에는 24명이 방부를 들였다. 공양간 등 후원에서 이들을 도우며 수행하는 스님들까지 합치면 50명가량이 겨울을 이 산중에서 나게 된다. 백흥암에선 첫 안거를 이곳에서 하려는 사람은 거절한다. 대신 대중이 많은 석남사 해인사 내원사 등으로 보낸다. 그 속에서 절집과 선방의 규범을 익히고 스스로 그 규범을 속박으로 여기지 않을 수 있어야 제대로 공부할 수 있기 때문이다. 선원에서는 철저히 묵언默言을 지킨다. 선방 안에서는 물론 선방 옆 휴식처인 지대방과 차실, 도량 전체가 침묵 속에 잠긴다. 1주일이나 열흘마다 전강 스님의 육성 법문을 녹음테이프로 들으며 공부를 점검한다.

마음을 모르면 무슨 소용이냐 · · · · · ·

1962년 수덕사의 말사인 문수사로 출가해 스물네 살 때 서옹 스님이 조실로 있던 동화사 양진암에서 처음 안거를 했다는 육문 스님이나 선원장 영운 스님은 이판의 소임을 맡으면서도 수행을 게을리 하지 않는 수좌들이다. 백흥암에 오기 전까지 육문 스님은 내원사, 해인사 삼선암 등에서 한 철도 거르지 않고 정진했고, 내원사에선 해제 기간에 스님들이 너무 나돌아 다닌다며 산철결제를 처음 만들기도 했다. 1964년 울주 석남사로 출가한 영운 스님은 성철 스님한테 '육조단경六祖檀經'을 외워 보이고는 '이뭣고'를 화두로 받아 해인사 보현암과 약수암, 오대산 지장암, 음성 미타사, 산청 대원사, 양산 내원사, 동화사 등에서 수행했다.

지금도 육문 스님은 주지로서 선방을 보살피는 한편 대중들과 안거에 동참한다. 1998년 하안거까지 이곳에서 입승을 맡았던 영운 스님은 그간 울주 석남사 주지를 하다 임기를 2년여 남겨 놓고 백흥암으로 되

요사채 마루와 뜰에서 무말랭이와 고추 등을 말리는 모습

돌아왔다. 영운 스님은 "주지를 내놓고 나니 이렇게 좋은 것을…" 하며 흡족한 표정이다.

"선방에 처음 왔을 땐 곧 부처가 될 줄 알았지요. 하지만 세월이 갈수록 어렵다는 걸 느껴요. (깨달음이) 하루 이틀에 이뤄질 일이 아니기 때문이지요. 하늘을 보면 구름이 흐르고 또 흐르는데, 번뇌 망상도 이와 같습니다. 미세한 구름까지 다 걷히고 완전히 맑고 깨끗한 하늘을 보기란 그만큼 어려운 것이지요."

육문 스님은 "세상사가 끊임없이 바뀌고 편리해지지만 마음을 모르면 무슨 소용이냐"면서 마음 닦는 일에 힘쓸 것을 강조한다. 먼지가 낀 거울로는 사물을 비출 수 없듯이 생각이 발라야 정신이 바르게 되고, 정신이 바르면 생각이 맑아져 실상을 볼 수 있기 때문이다. 그래서 30여 명의 상좌들 가운데 세속에서 포교하겠다는 사람이 있으면 "경전만 외워서 전하는 것보다 수행정진 끝에 얻어지는 힘과 여법한 행동, 살아 있는 소리는 상대방의 마음을 절로 울리게 된다"며 먼저 정진하기를 권한다.

"사람마다 마음을 다 갖고 다니지만 진실로 그 마음을 찾은 사람이 몇이나 될까요? 지금 한국불교에 조계종을 비롯해서 스님들이 3만여 명은 될 텐데 그중 참선하는 이는 한 철에 2,000명 좀 넘는 정도예요. 그래도 이들이 불교의 맥을 잇고 정통성을 살리는 사람들입니다. 그래

외출하는 육문 스님과 영운 스님. 초르처럼 다정하다.

서 선원이 중요한 겁니다."

나고 죽음生滅은 한 조각 뜬구름의 일어나고 없어짐과 같은 것. 그래서 철만 되면 생사를 따르지 않고 홀로 뚜렷한 '한 물건'을 찾으러 모여드나 보다. 며칠 뒤면 '한 물건'을 찾는 납자들의 열기로 가득 찰 백흥암 선원. 요사채 옆 마루와 뜰에선 무말랭이와 청국장, 붉은 고추를 말리는 풍경이 한가로운데 육문 스님은 발걸음이 바쁘다.

"나 이제 나갈라우. 처사님은 어디로 갈 거유?"

'너는 어디로 갈 것이냐'는 스님의 물음이 화두처럼 다가온다.

무심을 덮고 있는 그 한 겹마저 걷어내라
03 석 남 사 정 수 선 원

"선원장 스님께서 정진중이라 시간을 내실 수 없답니다."
 주지 스님이 이렇게 전하면서 난감한 표정을 짓는다. "선원장 스님을 뵐 수 있을 것"이라던 당초 약속을 지키지 못하게 된 탓이다. 참선을 쉬는 방선放禪 시간에도 만날 수 없다고 한다. 그래도 어쩌랴. 안거安居라는 것이 원래 외부와의 접촉을 끊고 수행하는 기간인 것을. 주지 스님이 애를 써서 잠시나마 선방을 보고 사진이라도 찍을 수 있게 된 것이 오히려 다행이다.

석남사 일주문

 종무소 뒤쪽의 3층 석탑을 지나 돌계단 앞에 서자 '참선중이니 올라오지 마세요'라는 안내판이 버티고 있다. 반쯤 열린 철문을 밀고 선원 구역에 들어선다. 참배객들이 무시로 드나드는 대웅전 앞마당과 달리 정적이 흐르고, 스님의 안내에 따라 선방 문을 열고 들어서

자 말로 표현하기 어려운 선방 특유의 분위기가 외부인을 압도한다. 적묵寂默 속에 흐르는 선禪의 기운…. 석남사 선방 인근에선 산새조차 소리를 가다듬고 옥류동 계곡물도 숨죽인다는 소문이 허언이 아닌 모양이다.

 방문이 열리는 소리, 누가 들어오는 소리, 사진을 찍느라 움직이는 소리에도 수좌들은 반응이 없다. 한창 안거중일 때에는 모든 감각이 예민해져서 고기나 파·마늘·부추 등 매운 맛을 내는 오신채五辛菜를 먹은 사람이 가까이 오면 매우 거북하다는데, 이 스님들은 그런 감각마저 닫아버린 것일까. 혹은 그런 감각의 인식작용을 조절하고 있는 것일까. 불과 2~3분, 서둘러 사진을 찍고 방안을 나오니 시원한 바람이 얼굴을 스친다. 선방의 기운에 압도됐던 답답함이 그때서야 사라진다.

울산광역시 울주군 상북면 덕현리의 가지산 기슭에 자리 잡은 석남사石南寺 정수선원正受禪院. 석남사는 신라 헌덕왕 16년(824년) 도의道義국사가 창건한 선찰禪刹로 1,200여 년의 선맥을 자랑한다. 조선시대까지 여러 차례 중수됐으나 한국전쟁 때 전소돼 폐허가 된 가람을 비구니 인홍(1908~1997) 스님이 1957년부터 복구·증축해 대가람으로 만들었다. 뿐만 아니라 엄격한 수행가풍으로 국내 최대의 비구니 수행도량으로 자리 잡았다. 조계종이 1999년 수행체계 정립과 선풍 진작을 위해 석남사를 비구니 종립특별선원으로 지정한 것이 이를 말해준다.

대웅전(위), 금당선원(가운데), 정수선원(아래)

석남사에 비구니 참선도량이 처음 생긴 것은 1957년. 당시 주지였던 인홍 스님이 정수선원을 신축해 비구니 선원을 열면서부터다. 이후 1963년부터는 3년을 기한으로 산문 밖 출입을 금지한 채 수행정진하는 '3년 결사結社'를 도입하는 한편 선기禪機가 뛰어나고 공부가 어느 정도 익은 납자들을 위한 별도의 수행공간으로 심검당尋劍堂선원을 신축했다. 또 1995년에는 수행공간을 더 늘리기 위해 대웅전 오른쪽 개울 건너편 언덕 위의 옛 동인암東仁庵 자리에 금당金堂선원을 새로 마련했다.

덕분에 석남사에는 현재 선원이 세 곳이다. 정수선원은 여름·겨울 안거에 참여한 수좌들의 수행처로, 금당선원은 '결사도량'으로 활용되고, 심검당선원은 연로한 스님들이 자유롭게 정진하는 상선원이다. 정수선원에서는 하루 12시간의 일반정진을, 금당선원에서는 14시간 이상의 가행정진을 한다. 이중에서도 음력 4월 보름부터 1년을 기한으로 정진하는 금당선원은 입방入房 조건이 까다롭다. 선원 경력이 5년을 넘거나 다른 선원에서 공부를 잘한다는 소리를 들어야 발을 들일 수 있다. 정수선원의 수행가풍도 엄격하다. 하루 12시간을 수행해야 하고, 음력 11월 한 달은 가행정진, 12월 첫 1주일은 잠을 일절 자지 않는 용맹정진을 해야 한다. 석남사의 수행가풍은 이처럼 엄격하고 추상같다.

지금 석남사에서 수행중인 스님은 50명. 정수선원에는 25명이 동안거에 들어 있고, 금당에는 22명이 내년 3월까지 1년 결사를 진행하고 있다. 또 심검당에는 성철 스님의 딸인 불필 스님 등 노장들이 정진중이다. 여기에다 절 살림을 맡아 이들을 지원하는 스님들까지 더하면 석남사의 대중은 80명을 넘는다.

평상심이 곧 도···

산새들도 잠에서 깨기 전인 새벽 3시. 도량석 소리가 삼라만상을 깨우자 스님들은 새벽예불로 하루를 시작한다. 석남사 가풍의 특징은 누구도 새벽예불에 빠져서는 안 된다는 것. 새벽예불을 거르면 밥을 굶어야 하는 것은 인홍 스님 때부터 내려온 전통이다. 주지 도각 스님은 "설마 밥을 굶기랴 싶지만 실제로 밥그릇을 치우는 걸 여러 차례 봤다"고 전한다. 또한 새벽예불 때마다 스님들은 108배를 올리며 참회하고 또 참회한다. 예불을 마친 수좌들은 곧바로 참선에 들어 하루 공부를 시작한다. 팔순을 바라보는 노장들도 자리를 지키며 때로는 엄하게, 때로는 자상하게 후학들을 지도한다.

이윽고 새벽 6시, 아침 공양 시간이다. 공양간이 따로 있지만 스님들은 모두 대웅전 앞마당 왼편의 강선당 큰방에 모여든다. 법공양(발우공양)을 위해서다. 가사까지 모두 갖춘 스님들이 죽비에 맞춰 게송을 외고, 발우를 펴 밥과 반찬, 국 등을 나눠 담고 먹는 모습은 절차도 복잡하거니와 그 자체가 수행이다.

갓 선방에 들어온 신참에서부터 선방경력이 오래된 구참이나 연로한 스님에 이르기까지 한 사람도 예외 없이 일을 분담하는 것도 석남사의 특징. '일일부작 일일불식一日不作 一日不食'의 '백장청규百丈淸規'가 그대로 살아 있다. 밭 갈고 논 매는 일에서부터 불공, 법당 청소, 도량 정비에 이르기까지 모든 소임은 대중공의大衆公議에 의해 돌아가면서 맡는다. 인홍 스님은 여든이 넘어서도 3년 결사에 동참하며 수행자의 푯대를 세웠고, 의식주 일체를 대중과 함께했다고 한다. 계를 받는 순서에 따라 선방에 앉는 순서는 정해지지만 그 외의 생활은 평등했다는 얘기다.

지금도 석남사는 스님들이 직접 농사를 짓는다. 쌀은 물론 각종 채소류도 직접 길러 먹는다. 올 겨울 김장도 직접 농사지은 배추 2,500포기와 무로 담갔다고 한다. 김장하는 데 꼬박 이틀이 걸렸지만 도각 스님은 "일과 공부는 같이 해야 더 잘되는 법"이라고 설명한다. 울력도 깨달음을 위한 수행의 연장이므로 울력을 통해 개인적으로는 수행이 깊어지고 납자들 간에는 도반道伴으로서의 유대감이 커진다는 설명이다.

1년 전 하안거 해제 풍경을 보러 왔을 때가 떠오른다. 선원장 법희 (76) 스님을 비롯해 유나와 선덕, 금당선원과 정수선원 입승 등이 자리를 함께해 석남사의 선풍과 생활, 간화선 위기론에 대한 선사들의 생각 등을 기탄없이 개진했던 자리였다. 그때 법희 스님에게 도道란 무엇인지 물었더니 이렇게 답했었다.

"평상심시도平常心是道라, '평상심이 곧 도'라고 했습니다. 매일 매일 흐트러짐 없이 계율을 지키며 참선수행을 하는 게 도이지요. 새벽·저녁 예불과 108대참회, 아침공양에 빠지지 않고, 일일부작 일일불식의 청규를 지키며 법당 청소, 도량 정비 등 자신이 맡은 소임을 다하는 게 도라 할 수 있어요."

그래서 법희 스님은 지금도 매달 그믐에 열리는 자자自恣에 앞장서 참여한다. 이 자리에서는 교무 소임을 맡은 스님이 범망경을 하나하나 낭독하면서 "청정하십니까"라고 세 번 묻고 허물이 있는 사람은 참회하도록 한다. 자기 스스로 잘못했으면 혼자서 참회하지만 대중들한테 잘못했다고 판단되면 드러내놓고 참회해야 한다. 그러면서 계행을 지

키는 것의 중요성을 거듭 확인하고 다짐하게 된다는 얘기다. 하지만 노소가 한 자리에서 밥 먹고 함께 정진하는 일이 쉽지만은 않을 터, 법희스님한테 젊은 납자들의 공부 태도가 어떠냐고 묻자 "사람에 따라 다르다. 젊은 사람이라고 다 쉽게 살려는 건 아니고 애써 하려는 사람도 있다"고 대견해했다.

영혼의 부자는 버릴 수 있는 사람 · · · ·

"남들이 공부하는 거 보고 욕심이 나서 빨리 뭘 이루겠다고 하다 보면 상기병에 걸리는 사람이 많아요. 그럴 땐 잠도 자면서 공부하라고 그래요. 마음만 급하다 보면 열이 위로 올라 목줄기가 당기고 머리도 아픈 것이 화두를 들수록 더 심해지거든요. 한 20년 전만 해도 수좌들은 거의 다 그랬어요. 그런데 요즘 사람들은 미리 다 알고 와요. 근기가 수승秀勝했던 옛날 사람들에 비하면 요새 사람들의 근기가 너무 약하지만 사바세계의 온갖 즐거움을 다 버리고 온 걸 보면 기특하기 이를 데 없지요."

젊은 납자들을 보는 노장의 시선이 무척 자애롭다. 공부가 더디다고 초조해하는 후학들에게 노장은 "바늘로 뚫으면 빨리 뚫리지만 둔한 공부인은 넓게 뚫어서 잘 보인다"고 다독인다. 선덕禪德 소임을 맡고 있는 법용(法涌·70) 스님은 "간화선을 하다가 금방 깨달음을 얻지 못하자 남방불교 수행법인 위파사나 등을 기웃거리고 중도 탈락하는 걸 보면 너무 안타깝다"고 했다. 화두 공부는 '무無재미, 무無맛'이라 끈기 있게 밀고 나가야 하는데 뭐든지 수월하게 해서 깨치려 하니 되겠느냐는 얘기다.

"예전에는 참선하는 거 아니면 중노릇 아니라고 했는데 세계가 열리면서 다른 수행법이 들어오고 참선은 오래 해도 성취한 바가 확연히 보이지 않으니 그게 제일 어려워요. 절집에서도 강사를 하면 후학을 양성하고 주지는 절 살림을 하고, 포교를 해도 성취감이 있지만 선승은 수십 년을 하고도 '마른 똥 막대기'를 후배에게 쥐여줄 수 없어요. 그래도 참선하는 것은 참선이란 성취하는 것이 아니라 나를 버리는 것이기 때문입니다. 10년이 지나면 흔들리고, 또 10년이 지나면 흔들리지만 그러면서 앞으로 나아가는 겁니다. 영혼의 부자는 버릴 수 있는 사람입니다."

그때 스님들은 그랬었다. 간화선이 위기를 맞은 것은 사실이지만 걱정하지는 않는다고. 깨달은 사람 하나만 나와도 그런 위기는 일거에 해소된다고. 심지어는 "절마다 포교만 하면 불교는 망한다"고 했다. 문경 봉암사처럼 포교를 하지 않아도 공부하는 절은 흥하고 건재한 반면 공부하지 않고 포교만 하는 절은 망하게 된다는 소리다. 그래서 스님들은 "수행풍토, 수행환경을 조성해야 한다"고 입을 모은다.

안거철, 모두가 참선에 든 선원의 뜰은 맑고 고요하다. 발자국 소리마저 죽여 가며 정수선원을 나서는데, 주련 한 구절이 마음을 끈다. '막위무심운시도(莫爲無心云是道 · 무심을 일러 도라고 하지 마라) 무심유격일중관(無心猶隔一重關 · 무심도 오히려 한 겹이 막혔느니라)' 무심을 덮고 있는 그 한 겹마저 걷어낼 공부의 끝은 어디일까.

깨달음은 멀기만 한데 또 하루 해가 넘어가는구나
04 위 봉 사   위 봉 선 원

· · · · · 부처님 오신 날이 임박한 것도 아닌데 주지 스님은 종무소에서 연등에 붙일 종이 연꽃을 말고 있다. 왜 벌써 연등 만들 준비를 하느냐고 물었더니 "지금이 아니면 만들 시간이 없기 때문"이라고 한다. 정월 초하루만 지나면 농사 준비로 눈코 뜰 새 없이 바쁘기 때문에 농한기에 연꽃을 만들어 놓아야 한다는 얘기다. 완제품 등을 사서 거는 곳이 많은 요즘 1,000개가 넘는 연등을 일일이 직접 만드는 정성이 놀랍다.

헌칠한 비구니의 도량 · · · · ·

전주에서 동북쪽으로 26킬로미터쯤 떨어진 전북 완주군 소양면의 추줄산崷崒山 위봉사威鳳寺. 산 이름이 참 특이하다. 사전에 오른 정식 이

농한기인 한겨울에 연등을 만드는 법중 스님(왼쪽)

름은 위봉산인데 산세가 얼마나 대단했으면 가파를 추, 험할 줄이라고 했을까. 해발 524미터의 추줄산은 삼국시대엔 백제와 신라의 국경이었고, 조선시대에는 영남학파와 기호학파를 가르는 학풍의 경계였다. 조선 숙종 때에는 유사시에 전주 경기전의 조선 태조 영정을 피난시키기 위해 둘레 16킬로미터의 위봉산성을 축조했을 정도로 산세가 험준하다.

포장도로가 개설되기 전인 1980년대까지만 해도 오지 중의 오지였던 이 위봉산성 안에 전북을 대표하는 비구니선원이 있다. 위봉사 위봉선원이다. 위봉사는 백제 무왕 5년(604년)에 서암瑞巖 대사가 산문을 열었고 고려 때 나옹 화상이 중창했던 고찰이다. 조선시대에는 28개 동의 건물과 10개 암자를 거느렸고 일제 때만 하더라도 전국 31본산의

추줄산 위봉사 일주문

하나로서 전북 일원의 50여 개 말사를 관장했던 대가람이었으나 한국전쟁 이후 폐사의 위기에 처했다가 1988년 10월 법중(法中·56) 스님이 주지를 맡은 이후 옛 모습을 되찾고 있다.

   위봉산성 서문을 통과해 위봉마을쯤에서 고개를 들면 산기슭에 단아한 모습으로 조성된 위봉사가 보인다. 절 아래에는 널따란 주차장이 마련돼 있고 여기서 산 쪽을 바라보니 좌우로 꽤 길고 높은 석축을 2단으로 쌓고 그 위에 당우들을 세웠다. 인근의 자연석을 사용한 것

'진돗개 조심'을 알리는 경고문

보광명전 위쪽의 위봉선원

으로 보이는 석축과 돌계단은 높고 가파른데도 위압적으로 느껴지지 않고 편안하다.

돌계단을 올라 일주문을 지나면 '경내에 큰 진돗개가 있으니 애완견을 데리고 온 분들은 조심하라'는 내용의 안내문이 좀 껄끄럽지만 봉서루 밑 계단을 따라 절 마당에 오르자 '산 위에 이런 평지가 있을까' 싶도록 탁 트인 공간이 나온다. 큰법당인 보광명전을 중심으로 관음전, 나한전, 극락전 등이 조성돼 있고 산 아래로 보이는 전망이 시원하다.

"전국의 선방을 다니며 공부하고 있을 때였는데, 아는 비구니 스님이 저를 찾더니 위봉사 얘기를 해요. 주지 소임을 맡을 생각이 없다고 해도 꼭 와보라고 해서 구경만 하고 가려는데, 어른 스님이 '여기에 도량을 세우면 도인이 많이 나올 곳'이라며 강권해 절 살림을 맡게 됐지요."

하지만 처음 왔을 땐 법당 문짝도 없을 정도로 형편이 엉망이었다고 한다. 보물 제608호인 보광명전普光明殿 주변은 오물투성이였고, 관음전 안에는 쓰레기가 가득했다는 것. 법중 스님은 그동안 유실된 사찰 소유지 8,700여 평을 다시 사들이고, 퇴락한 당우堂宇들을 복원해 10여 개 동의 건물에 50~60명의 스님들이 상주하는 대찰의 면모를 되찾았다. 그중에서도 가장 먼저 한 일이 위봉선원圍鳳禪院의 개원이다.

"2년 동안 가건물에서 안거를 하다 대웅전 위쪽 대지에 45평 규모의 선방을 신축해 1990년 가을 정식으로 선원을 열었지요. 고찰 터인 데다 나옹 무학 진묵 서산대사 등 많은 도인들이 살았던 대명당지大明堂地여서 도량의 기氣가 아주 성해요. 비구니선원으로서 이렇게 헌칠한 도량은 아마 없을 겁니다."

위봉선원의 '위圍'가 위봉사의 '위威'와 다른 것은 31본산으로 지정되기 전 원래 글자가 '圍'이기 때문이라는 게 법중 스님의 설명. 신라 말 최용각이라는 사람이 추줄산 산꼭대기를 3마리 봉황이 감싸고 있는 것을 보고 위봉사를 중창했다는 설화나, 절터가 봉황이 알을 품고 있는 형세 등을 보더라도 '圍'가 맞을 성싶다. 위봉선원은 개원 이래 지금까지 하안거와 동안거, 2차례의 산철결제 등 1년에 네 번씩의 결제를 지속해 왔다.

242

스스로 정진하지 않으면 무슨 소용 있겠는가...

"산철결제를 하는 곳이 많지 않아서 위봉선원에는 산철 대중이 더 많아요. 선방의 적정 인원은 28명이라 서른 명 안쪽이 살았으면 하지만 비구니 선방이 부족하다 보니 늘 정원을 넘어요. 이번 철(동안거)에도 34명이 방부房付를 들여 석 줄로 앉아서 정진하는 실정입니다."

이 때문에 위봉선원에는 일부 연로한 선객들을 빼고는 오래 머물 수가 없다. 선객이 한곳에 오래 있으면 살림 사는 사판事判들과 친해지고 자연히 말이 많아져서 공부에 방해가 된다는 것. 선방 비구니들의 모임인 전국비구니선문회가 한 사람의 방부를 1년 이상 연속해서 받지 않도록 하고 있는 것도 이런 까닭이다. 사람살이란 승속이 비슷해서 붙박이가 되면 간섭하려 하고 이판과 사판이 터놓고 지내다 보면 탈도 생긴다는 얘기다. 집착이 생길 만한 모든 것을 벗어던져야 하는 생활이라 의식주는 물론 대인관계마저도 비우고 또 비워야 하는 모양이다. 그런 탓에 선객들은 새벽 3시부터 하루 12시간씩 정진하며 선원청규淸規 외에도 입중오법入衆五法을 지키며 외부와 철저히 단절된 가운데 살아야 한다.

위봉선원에서 참선중인 비구니 납자들

"모든 서적, 신문, 잡지 등은 볼 수 없다. 경전·조사어록도 공적인 경우 외에는 볼 수 없다. 전화·서신·외부연락 금지. 예불·청법·공양 외 사무실·후원 출입금지. 특별한 때 외에는 대문 밖 출입금지. 친소·패당을 짓지 말며 모든 시비·쟁론을 하지 말 것. 선원 내외 훤화(큰소리로 떠듦)·잡담 금지…."(선원청규)

이 밖에도 위봉선원의 청규는 실로 세세한 것까지 정해놓고 있다. 결제·해제법문을 들으러 인천 용화사에 갈 때 빠지지 말 것, 선지식의 녹음 법문에 시비를 걸지 말 것, 해제 공사 땐 장삼을 입을 것, 후원 대중이나 신자들과 용건 외 대화하지 말 것, 선방 다각실에서 라면이나 음식물을 먹지 말 것, 휴대전화를 사용하지 말 것 등등 다 외우기도 힘들 것 같다.

'입중오법'은 또 어떤가. 자신을 낮추는 '하의(下意·하심)'와 자비, 공경, 선방 내 서열을 존중하고 지키는 지차서知次序를 견지하면서 '나머지 일은 말하지 않아도 지키라'는 뜻으로 '불설여사不說餘事'라고 해두었다. 대중이 많으므로 자세히 규정해놓아야 편하다고 한다.

위봉사는 금산사 말사이지만 인천 용화선원에 가서 안거의 시작과 끝인 결제·해제 법회에 참석한다. 평소에도 용화선원 조실이었던 진강 스님과 송담 스님의 육성법문을 일주일에 두 번씩 녹음테이프로 들으며 공부를 점검한다. 법중 스님은 "조실 스님의 법문이 아주 자세하고 간절해 법문만 자주 들으면 여쭤볼 일도 없다"고 한다. "천 년을 만나준들 스스로 정진하지 않으면 무슨 소용 있겠는가"라는 송담 스님의 말씀도 덧붙인다.

이렇게 수행하는 선객들을 위해 법중 스님을 비롯한 위봉사 대중들은 일 년 내내 쉴 틈이 없다. 쌀은 다른 절에서 보내주고 있지만 채소는 전부 직접 농사를 지어서 해결하는 탓이다. 이 겨울에도 5개 동의 비닐하우스에서 배추, 무, 시금치 등을 재배하고 있다. 선객들은 선방에서, 나머지 스님들은 밭에서 일로써 수행하는 셈이다. 선방 납자들도 열흘마다 반나절씩 울력에 참여한다. 법중 스님은 "농사를 위해 사들인 땅이 기존 소유지보다 더 많다"고 했다.

"호서문중의 78대 도인이셨던 전강 스님은 '수좌는 입만 갖고 살아야지 뭘 해서 먹으려 하면 안 된다'고 하셨어요. 중 입은 어디서 뭘 만나든, 좋은 음식이든 나쁜 음식이든 맛을 음미해선 안 된다는 것이지요. 신자들이 정진하는 납자들을 위해 대중공양한다며 비싼 과일이며 음식을 싸 오면 가슴이 철렁 내려앉고 화가 나요. 옛날에는 정진을 제대로 못하면 싸라기 반쪽도 못 먹인다고 했거든요."

하루하루, 순간순간이 중요하다 · · · ·

법중 스님은 "미디어가 발달해 책도 많고 매체도 많지만 불교 수행은 이론으로 되는 게 아니라 행하는 것"이라며 아봐타, 위파사나 등의 다른 수행법들이 확산되고 스승의 인가도 없는 도인들이 우후죽순으로 나오는 현실을 경계했다. 수행자들의 간화선에 대한 투철한 믿음이 흔들리는 것도 그의 걱정이다. 법중 스님은 위파사나에 관심을 갖는 스님들을 겨냥해 "간화선이 무너지면 조계종이 무너진다. 겨우 수다원과를

극락전 앞마당에 홀로 선 소나무. 위봉사의 명물이다.

얻으려고 삭발했나"라며 안타까워한다.

연꽃잎을 만드느라 손놀림이 분주한 법중 스님에게 송년送年의 감회를 물었더니 이렇게 답한다.

"한 해가 넘어간다고 중이 새 옷을 입겠습니까, 꽃단장을 하겠습니까? 깨달음은 멀기만 한데 또 한 해가 그냥 가니 기가 막힐 노릇이지요. 어렵고 힘들다고 탄식하며 보낸 하루가 모여 한 해가 되고, 일생이 되거든요. 옛 도인들은 그래서 하루 해가 넘어갈 때 두 다리를 뻗고 울었답니다."

수행자에게는 길게 볼 것도 없이 하루하루, 순간순간이 중요하다는 얘기다. 선원을 보기 위해 관음전 뒤편, 일반인의 출입이 금지된 일각문에 들어서자 진돗개들이 사납게 으르렁거리는 소리가 산사를 뒤흔든다. 일주문 안쪽의 경고판에 있던 진돗개들인 모양인데, 참배객이나 관람객들한테는 미운 녀석들이지만 선방 스님들한테는 정답고 사랑스러운 존재들이다. 그중 어떤 녀석들은 입선 시간이면 선방 앞마루에 올라 함께 입선하고 가행정진 때에는 자정까지 마루를 지켰다는 믿기 힘든 이야기까지 있다.

안내를 맡은 스님이 간신히 녀석들을 달래놓고 돌계단을 따라 언덕에 올라서니 오후 4시. 오후 정진을 마치고 선방을 나서는 선객들의 눈빛이 형형하다. 화두일념으로 한 순간도 놓치지 않기 위해 매달렸던 그들이다. 옛 도인들은 하루 해가 넘어가는 걸 탄식했거늘, '지금 이 순간'에 충실해야 하는 것이 어찌 수행자에게만 해당되는 일이겠는가. 극락전 앞 너른 마당에 홀로 선 소나무가 깨달음을 향한 납자들의 기상처럼 의연하다.

그 마음 하나가 부처님을 만드네
05 대 원 사　동 국 제 일 선 원

· · · · · 오후 1시, 선방에서 나온 수좌들이 신발을 신고 마당으로 내려선다. 선방의 규율과 기강을 세우는 입승立繩 소임자가 장군죽비를 어깨에 둘러멘 채 앞장을 서자, 수좌들이 하나둘 줄지어 뒤를 따른다. 참선 도중 굳어진 다리를 풀기 위한 포행이다.

참선으로 굳은 몸을 풀기 위해 선원 마당에서 포행하는 스님들

수좌들은 대부분 모자와 마스크, 목도리로 머리와 얼굴을 감쌌다. 며칠째 계속된 강추위 끝에 날이 제법 풀렸지만 바람까지 가세한 산중의 날씨는 여전히 매서운 탓이다. 그러나 날씨보다 더 매서운 건 수좌들의 눈빛이다. 모자와 마스크 사이로 간신히 보이는 눈에는 '이 한 철 공부로 도과道果를 이루고 말겠다'는 결의가 가득하다.

성철 스님의 출가 전 수행처··

지리산 천왕봉 아래에 있는 비구니 참선도량인 경남 산청의 방장산方丈山 대원사大源寺 동국제일선원東國第一禪院. 신라 진흥왕 9년(548년) 연기대사가 창건한 1,500년 고찰에 수행열기가 뜨겁다. 음력 12월 초하루부터 용맹정진에 들어간 지 6일째. 하루 24시간을 잠자지 않고 눕지 않은 채 지내온 사람들이라고는 믿기 어려울 정도로 걸음이 당차다. 보폭이 넓고 걷는 속도가 빨라서 긴장감마저 감돈다. 더구나 음력 11월 한 달간 새벽 3시부터 밤 11시까지 하루 12시간 이상 가행정진을 해온 터라 힘에 부칠 만도 하지만, 그런 기색은 전혀 없다. 천리마도 오래 달리면 지치는 법이거늘, 여기 수행자들은 그렇지 않은 모양이다.

"부처님이 깨달음을 이룬 성도재일(음력 12월 8일)을 맞아 부처님처럼 견성오도見性悟道하겠다는 각오로 용맹정진을 합니다. 혼침昏沈과 수마睡魔, 망상으로 인해 힘은 들지만 어려운 고비를 넘기고 나면 자신감이 생기고 애쓴 만큼 발전이 있지요."

대원사 총무 묘명(57) 스님의 설명이다. 하지만 잠을 자지 않고 수행한다는 게 쉽지는 않을 터. 묘명 스님은 "(용맹정진을) 혼자서는 못해도 대중의 힘으로 한다"고 얘기한다. 실제로 이번 용맹정진 기간에 일흔이 넘은 선덕禪德 한 사람으로 인해 전체 대중이 다시 정진의 자세를 가다듬었다고 한다. 용맹정진 중이기는 하지만 자정부터 새벽 3시까지는 앉아서 졸더라도 죽비경책을 하지 않으려 했으나 이 선덕이 입승에게 '내가 졸면 죽비를 쳐 달라'고 주문했던 것. 선덕의 솔선수범과 무언의 경책으로 인해 수좌들은 더욱 치열하게 정진하게 됐다는 얘기다.

　창건 당시 평원사平原寺였던 이곳은 숙종 11년(1685년) 회암 스님이 대원암으로 이름을 바꿨고, 고종 27년(1890년) 구봉 스님이 중창하면서 대원사로 개칭했다. 1898년 구하 스님이 여기서 당대의 대강백 박영호 스님에게 경전을 배울 당시 수백 명의 학인들이 공부했고, 1928년에는 서래각西來閣선원이 개설돼 있었다고 한다. 그러나 1948년 여순반란사건 때 아군이 공비소탕을 명목으로 불을 질러 선방 앞의 탑만 남은 채 사찰이 전소되면서 맥이 끊겼다. 그 이전까지만 해도 대원사에는 '상판'과 '하판'이라는 두 개의 선방이 있었는데 규모가 얼마나 컸던지 같이 대원사에서 정진하고도 진주 시내에서 만나면 서로 몰라볼 정도였다고 한다.

　대원사는 또 성철 스님이 출가하기 전에 수행한 곳으로도 유명하다. 삶의 근원에 대해 끊임없이 의문을 품었던 청년 이영주(성철 스님의 속명)는 1935년 어떤 스님이 전해준 영가대사의 '증도가'를 읽고 발심해 대원사를 찾았다. 스님들만 수행하는 탑전(塔殿·사리전) 선방에서 재가자 신분으로 '무無'자 화두를 들고 가행정진에 들어간 지 42일. 청년 이영주는 앉으나 서나, 오나가나, 말할 때에나 그렇지 않을 때에나 늘 한결같은 동정일여動靜一如의 경지를 이뤘고, 훗날 확철대오의 기초를 여기서 닦았다고 한다. 총무 묘명 스님은 "성철 스님은 대원사를 늘 그리워하고 좋아하셨고, 대원사 스님들이 해인사로 찾아가면 항상 각별한 관심을 갖고 대해 주셨다"고 회고한다.

너, 바로 깨달아라 . . . .

대원사가 수덕사 견성암, 울주 석남사 등과 함께 대표적 비구니 수행도량으로 자리 잡은 것은 1957년 비구니선원이 개원되면서부터다. 여순반란사건 이후 폐허로 변한 절터에 비구니 법일(法― · 1991년 입적) 스님이 1955년부터 상좌들과 함께 대원사를 중창하고 그 첫 번째 불사로 대웅전 오른편 언덕 위에 사리전舍利殿선원을 신축했다.

"노스님(법일 스님)의 출가 본사라 절을 다시 지으러 들어왔는데 속가에는 사람이 하나도 없고

용상방 아래 가지런히 정돈된 발우들

대원사 전경

산이 깊어 스님들도 잘 모르던 곳이었지요. 그때 고생한 이력은 말로 다 할 수가 없어요. 불사를 성불하는 과정으로 알고 했으니까요. 그래도 지금보다는 사람들이 순박하고 좋아서 도목수와 석공 등을 잘 만나 하마터면 못할 뻔한 불사를 해냈지요. 노스님은 시주 얻으러 다니고 저는 살림을 살았어요."

법일 스님의 맏상좌인 선원장 성우(性牛·84) 스님의 설명이다. 노장은 서른네 살 때 대원사로 와서 법일 스님과 함께 폐사를 복구하는 한편 선방을 연 후에는 처음부터 입승 소임을 맡아 불사와 정진을 병행했다. 예전에는 5~6명 내지 10명가량 수행하던 작은 선방이었으나 1986년 중창하면서 선방이 커졌다.

아름드리 소나무와 쭉쭉 뻗은 대나무들이 절 주위를 감싼 대원사는 자연경관이 뛰어난 데다 선원이 사찰 방문객들의 발길이 닿지 않는 곳에 떨어져 있어서 공부하기에는 천혜의 장소로 꼽힌다. 게다가 646년 자장율사가 부처님의 진신사리를 모신 9층 석탑(보물 제1112호)이 선방 앞뜰에 자리 잡고 있어 납자들의 수행의지와 신심을 북돋운다. 대원사가 관광 사찰로 전락하는 것을 막기 위해 문화재 관람료를 받지 않을 정도로 사찰측은 수행 환경 보호에 역점을 둔다.

선원장 성우 스님

이 때문에 안거 때마다 방부 경쟁이 치열하다고 한다. 특히 1986년 선원을 크게 중창한 뒤로는 철마다 40여 명이 모여드는 수행 명소로 각광받고 있다. 사리전은 정면 7칸·측면 3칸으로 60여 평 남짓한 규모다. 30명 정도면 수행하기에 알맞지만 항상 정원초과다. 이번 동안거에 참여한 납자는 36명. 지난해 하안거 땐 45명이나 정진했다. 비구니계의 여건상 선원은 적고 선방에 오려는 스님은 많아서 이름이 난 선원은 방부 들이기가 더욱 만만찮다는 얘기다.

"대원사 선방에는 가행정진이 많습니다. 하안거 땐 한 달 정도 가행정진을 하는데 동안거 때에는 음력 12월 초하루에 맞춰 그 전에 한 달간 가행정진을 한 후 일주일간 용맹정진에 들어가지요. 선원 대중들이

완당이 쓴 편액 '산해숭심'

한 방에서 석 달간 정진하고 잠도 같이 자는 대중생활을 옛날처럼 그대로 합니다. 공양은 세 끼 모두 발우공양이고요."

성우 스님은 무릎 관절이 아파서 거동이 불편하지만 정신은 또렷하다. 스스로 "몸은 늙어 폐물이라도 정신은 살아 있고, 생각은 젊은이와 조금도 다르지 않다"고 강조한다.

"불법佛法은 각자 자기 마음을 깨닫는 것이라 아무리 좋아도 안 배우면 몰라요. 그러니 각자 자기 살림을 온전히 잘하는 게 중요하지요. 부처님의 48년간 법문을 한마디로 하면 '너, 바로 깨달아라' 하는 겁니다. 부처님 법은 마음 하나 깨달아 고통 없이 사는 길을 가르쳐준 것입니다. 그러나 자기가 그 길을 알아야 하므로 해보지 않으면 아무 소용없어요. 알면 서로 말을 안 해도 통하지만 모르면 말과 글을 다 동원해도 안 통하는 겁니다. 그러니 자기가 깨달아야지 껍데기만 핥으면 뭐하겠어요?"

그래서 노장은 선방을 일궈놓고 많은 선객들이 와서 공부하고 가는 걸 보면 가장 뿌듯하다고 한다. 다만 선객의 수는 많아졌으나 너무 가볍게 사량思量하려 들고, '겉똑똑이'는 많으나 참으로 도통하려는 사람은 적어졌다고 아쉬워한다. 참선한다고 깨달음의 세계가 금방 알아지거나 배워서 되는 것이 아닌데 힘들면 금세 포기하는 사람이 적지 않기 때문이다. 그래도 노장은 희망을 잃지 않는다. 조선 500년간 그렇게

불교를 탄압했어도 선지식이 끊이지 않고 나왔듯이 때가 되면 깨달은 이들이 나오게 돼 있다는 것이다. 노장은 "정규군 100명과 오합지졸 1,000명 가운데 어느 쪽이 낫겠는가. 불교는 옳은 사람 100명을 만드는 가르침"이라며 신심, 의심, 분심이 삼위일체가 돼 열심히 정진할 것을 당부한다. 어떤 바람에도 흔들리지 않고 정진하는 자세가 중요하다는 얘기다.

내가 없으면 다 없는 것

"세상 사람들도 부처님 법을 조금이라도 배웠다면 올바르게, 정직하게, 바르게 살면 돼요. 도道는 멀리 있는 게 아니라 생활 가운데 있어요. 자기를 버리지 말고, 말 한마디라도 남을 해롭게 하지 말고, 남한테 편한 사람이 되면 그게 선각자예요. 그저 모든 것을 '빨리 빨리' 해치우려 하고, 돈이면 최고라고 생각하지만 그게 바로 지옥을 만드는 길입니다."

노장은 특히 남을 해롭게 하지 말라고 당부한다. 짐승들은 제 배만 부르면 나쁜 짓을 하지 않고 주변 환경도 오염시키지 않는데 사람은 별별 짓을 다 해서 남을 망친다고 지적한다. 짐승은 약자를 잡아먹어도 시기·질투는 하지 않는데 사람은 말로, 손으로, 거짓으로 남을 해친다는 것. 이 좋은 보배(인간)를 보배로 써먹어야지 강도·살인·도둑질을 해서 짐승만도 못하게 만들어서야 되겠느냐는 말씀이다.

"자기 하나로 모든 게 다 벌어졌으니 그걸 알아야 합니다. 천지간에 물건이 꽉 찼어도 다 사람이 만든 것이요, 내가 없으면 다 없는 것입니다. 제 마음이 보배요. 그 마음 하나가 부처님을 만드는 것인데 왜 그 길을 가지 않을까요? 사람이 별별 것을 다 만들어내지만 성주괴공成住壞空이 만물의 이치라, 영원한 것은 없으니 모두가 잠깐 갖고 놀다가 마는 장난감 같은 것입니다. 세상살이는 잠깐이요 물거품 같은 것인데 사람들은 영원할 줄 알아요. (쓰나미 같은) 지진·해일이 올 줄도 모르고 바닷가에서 조개 주우며 노는 게 우리 인생인데 말입니다."

선원 앞의 9층탑이 돌 속의 철분이 산화되면서 벌겋게 물들었다. 대원사의 명물이던 대웅전 앞 파초도 근래의 불사 과정에서 사라졌다. 세월이 가도 변하지 않을 만고불변萬古不變의 진리는 무엇일까.

바로 오늘, 지금 이 순간
06 불 영 사   천 축 선 원

· · · · · · 바랑을 둘러멘 비구니 스님이 버스에서 내리더니 산문山門에 들어선다. 자그마한 체구지만 운동화를 신은 걸음걸이가 힘차다. 일주문을 지나 1.2킬로미터의 비포장 길을 걷는 동안 옆 한 번 보지 않는다. 좌우 계곡의 절경도 눈에 들어오지 않는 모양이다. 스님은 무슨 생각에 잠겨 이 길을 가는 것일까.

스님은 경주에서 오는 길이라고 했다. 출가한 지 12년, 그중 6년을 선방에서 보냈다면서도 "아직 법랍法臘을 헤아리기 민망한 초보자"라고 스스로를 낮춘다. 하지만 깨달음을 향한 원력은 크기만 하다. 경주 금련선원에서 하안거를 했던 그는 해제한 지 불과 보름 만에 다시 선원을 찾았다. 음력 8월 초하루에 시작하는 산철결제에 참여하기 위해서다. 석 달 만의 휴식마저 반납하고 정진하는 것이다.

천축산 능선 가운데 솟은 부처 바위가 불영사 경내 불영지에 그림자를 드리우고 있다.

부지런히 정진하기를 머리에 불이 붙은 듯이...

스님이 찾아간 곳은 경북 울진의 불영사佛影寺 천축선원天竺禪院. 스님이 종무소에 문의하자 불영사의 소임자가 "짐은 누각에서 찾으시고, 지대방에서 방부房付를 들이세요"라며 안내해준다. 짧았던 자유를 다시 반납하고 '문 없는 문의 빗장'으로 스스로를 가두는 스님의 표정이 결연하다.

"불영사는 일 년 내내 결제중이라고 해도 과언이 아닙니다. 여름, 겨울 안거 외에도 산철결제를 두 차례 하니까 일 년 중 열 달은 쉼 없이 정진하는 셈이지요. 선원은 수행자를 위해 언제나 열려 있습니다."

천축선원. 한글편액이 인상적이다.

불영사 주지 일운(一耘·54) 스님의 말이다. 신라 진덕여왕 때 의상 대사가 창건한 불영사는 장구한 역사 속에서 소실과 중창을 거듭하면서도 선원의 맥이 끊이지 않고 이어진 수행터다. 천축산 봉우리의 관음상처럼 생긴 부처바위佛影巖가 절 마당 앞 연못佛影池에 그림자로 비친다고 해서 불영사라고 이름한 곳. 불교를 억압했던 조선 500년의 역사를 거치면서도 선의 기운은 사그라지지 않았다.

대한불교조계종 포교원이 펴낸 '선원총람'에 따르면 불영사는 1609년에 동·서 선당을 중창했고, 1680년에는 선당을 개축해 선풍 진작에 힘썼다. 또 구한말에 와서는 설운 스님이 절을 크게 중창했을 뿐만 아니라 1903년 하안거를 위해 선원을 개설했다. 설운 스님은 당시 6,300냥으로 사들인 논 200여 두락과 밭 80두락 가운데 논 80두락을 선방 몫으로 떼놓았다. 선방의 양식을 확보하는 것뿐만 아니라 이후 사찰 관리자가 사찰운영비를 핑계 삼아 선회禪會까지 폐지하지 못하도록 하기 위해서였다. 1929년 한암 스님이 쓴 '불영사 수선사修禪社 방함록 서序'는 당시의 수행풍토가 어떠했는지를 짐작케 한다.

"옛 사람은 도를 함에 밤에 잠이 오면 송곳으로 넓적다리를 찔러 잠을 쫓았으며 또한 날이 저물면 다리를 펴고 통곡하여 항상 도를 얻지 못할까 두려워하였다. 사람마다 이와 같이 진실하고 간절하게 마음을 쓴다면 어찌 일생토록 이치를 판단하지 못함이 있을까 보냐 (중략) 백년 광음이 일一 찰나 사이에 문득 지나가나니 원컨대 모든 참선하는 고사高士들은 부지런히 정진하기를 머리에 불이 붙은 듯이 하여 큰일을 속히 이루기를 지극히 빌고 비노라…"

한암 스님의 발원 덕분이었을까. 불영사 선원은 일제 때에도 선학원

선우공제회의 지방지부 중 한 곳으로 지정돼 설운 보화 법융 스님 등이 크게 활약했고, 1942년에는 적묵寂默선원으로 불리면서 보산 자운 금오 스님 등 40여 명이 3년 결사를 맺고 정진하기도 했다.

일제 말기 대처승들의 사찰운영과 한국전쟁 등으로 퇴락했던 불영사 선원은 1966년 현재의 선원장 일휴(一休·78) 스님이 주지를 맡으면서 재생의 기틀을 마련했다. 1978년 '천축선원'으로 이름을 바꾸면서 비구니선원으로 출범했던 것. 1996년에는 일운 스님이 대웅전 동편에 54평 규모로 선원과 같은 규모의 별채를 신축, 총림에 버금가는 수행도량의 면모를 갖췄다.

천축선원의 비구니 수행자들

"안거 때면 대개 50명 안팎의 수행자들이 모입니다. 사방 백 리를 가봐도 산과 바다뿐인 첩첩산중이라 환경이 쾌적하고 수행하기에 딱 좋은 곳이지요. 지난 하안거엔 47명이 큰방에서 정진했어요. 안거 기간에는 선방 스님들뿐만 아니라 행자를 포함해 산문 안의 모든 대중들이 다 참선하기 때문에 안거대중이 80명쯤 됩니다."

산문 안에서의 삶 자체가 수행

45일 일정으로 시작한 이번 산철결제 참가자는 40명. 천축선원에서 계속 정진해온 20명 외에 나머지는 다른 곳에서 찾아온 수행자들이다. 등을 맞댄 채 면벽한 스님들이 두 줄로 길게 앉아 있는 54평 규모의 선방은 숨소리조차 들리지 않을 만큼 적묵寂默하다. 부처님을 뽑는 곳, 즉 선불장選佛場이라 해서 선방 안에는 불상이 없고 가사와 포단뿐이다.

일운 스님

"천축선원은 수행가풍이 엄격합니다. 안거 때에는 하루 14시간 이상 정진하고 산철결제는 좀 여유 있게 공부하도록 하루 8시간 정진하지만 대중들이 지켜야 할 청규淸規는 똑같이 적용됩니다. 일체의 외출과 통신은 금지됩니다. 산문 밖으로 한 발이라도 나가면 즉시 퇴방이지요."

정진을 위해선 모든 생각과 망념을 다 내려놓으라는 얘기다. 선방 내에선 일절 묵언이다. 선원 바로 옆에 별채로 만들어놓은 지대방에서도 취침 시간 외에는 누울 수 없고, 잡담도 큰소리로 할 수 없다. 선원 담장 밖으로 목소리가 나가지 않게 하는 것이 불문율이라고 한다. 선방에 앉지 않더라도 행자를 포함한 산문 안의 모든 대중이 참선을 해야 하는 것도 불영사의 가풍이라고 한다. 그래서 일반적인 선원 청규 외에 '불영사 수행청규'를 따로 만들어놓았다.

'호흡을 조절하여 화두를 순일하게 한다. 절을 하여 삼업三業을 청정히 하여 심신을 단련한다. 포행·행선行禪을 하여 일체시一切時 일체처一切處 행주좌와行住坐臥 어묵동정語默動靜에 정진을 여일如一히 한다. 묵언을 하여 잡념과 시비를 단절한다. 모든 것에 만족하고 절제하고 일체중생의 은혜에 감사한다. 음식을 조절하여 몸을 편안히 하고 잠을 조절하여 정신을 맑게 한다.'

일일부작一日不作 일일불식一日不食의 청규에 따른 울력은 생활 속의 하심(下心·겸손)과 인욕을 배우는 과정이다. 일주문을 지나 경내로 접어드노라면 배추, 고추, 상추 등 갖은 채소들을 심어놓은 텃밭을 먼저 보게 된다. 겨울이면 직접 재배한 배추 3,000여 포기로 김장을 담근다니 농사 규모가 만만찮다. 공양간(부엌) 일도 여느 사찰처럼 신도들에게 맡기지 않고 스님들이 직접 다 한다.

일운 스님이 문득 "가장 아름다운 날, 아름다운 순간은 언제인 줄 아느냐"고 묻더니 "바로 오늘, 지금 이 순간"이라고 일러준다. 지금 '한 생각'을 어떻게 갖느냐에 따라 지옥과 극락이 갈라진다는 것. 중국의

텃밭(위)과 불영계곡

혜능선사가 '육조단경'에서 '莫思向前 常思於後(막사향전 상사어후·지나간 일을 생각하지 말고 항상 지금 여기에서 자기의 할 일을 생각하라)'라고 했던 것도 이런 까닭이 아닐까.

"지금 이 순간 일념一念을 챙기는 것이 바로 화두입니다. 한 생각에 생사와 과거, 현재, 미래의 삼계三界가 다 들어 있거든요. 그래서 산문 안에 사는 사람들은 숨 쉬는 것, 밥 먹는 것, 잠자는 것 모두를 수행의 과정으로 여기면서 생활하지요."

일운 스님은 그래서 "산문 안의 삶 자체가 수행"이라고 설명한다. 선방을 늘 열어놓는 것도 이런 이유에서다. 절에서는 먹는 것, 입는 것에 욕심내거나 신경 쓸 필요가 없으니 마음공부만 열심히 하면 된다는 얘기다. 명승으로 손꼽히는 인근 불영계곡 15킬로미터의 30여 개 명소와 토종 소나무의 원형인 금강송(춘양목)의 최대 군락지가 있는 왕피천 등과 함께 관광지로서도 손색이 없는 곳이지만 일운 스님은 사찰이 관광지가 되는 것을 거부한다. 수행 환경을 지키기 위해서다.

나에게 가장 아름다운 날은····

"스님들은 위법망구(爲法忘軀·법을 위해 몸을 돌보지 않음)의 정신으로 공부해야 다른 사람들을 지도할 수 있어요. 참선을 한답시고 계율을 무시하고, 건성으로 왔다 갔다 하면 아무리 해도 안 돼요. 조계종 스님 1만 명이 한 사람당 100명씩만 구제해도 우리 사회가 달라집니다. 그런 책임감 없이는 겉핥기밖에 못해요."

스님에게 "불성에 남녀가 있느냐"고 뜬금없이 물었더니 "준동함령蠢動含靈이 개유불성皆有佛性인데 남녀가 본래 있겠느냐"고 되물었다. 꿈틀거리는 미물까지도 부처의 성품을 가지고 있는데 불성이 남녀 한쪽에만 있겠느냐는 얘기다. 스님은 "남녀가 업은 다르지만 본질은 같고, 모든 부처와 조사는 시대상황과 필요에 따라 남자로 또는 여자로 출현한다"며 "그것이 중도법"이라고 설명했다.

외국인을 포함해 50여 명의 상좌를 둔 일운 스님은 제자들에게도 계율이 기본임을 늘 강조한다. 수행자로서 바르게 사는 지침이기 때문이다. 일운 스님은 "출가 후 지금까지 30여 년간 고기와 오신채五辛菜는 입에 대본 적이 없다"고 한다. 스스로 오후불식午後不食하고 하루 500

불영사 산문을 나서는데 불영계곡 위에 무지개가 떠올랐다.

배를 하며 심신을 조절한다. 그게 건강의 비결이요 수행의 기초다. 안거가 끝나면 상좌들을 한 자리에 모아 각자 공부한 것을 참회하며 점검하는 자자회를 연다고 한다.

"안으로 열심히 정진해야 힘이 생깁니다. 100년도 되지 않는 인생에서 돈이나 명예가 내 삶에 보탬이 될 수 있겠어요? 부처님 가르침대로 살아야 에너지가 충만하게 살 수 있습니다. 자식에게 재산을 주는 것보다 바르게 사는 법을 가르쳐주는 것이 중요하지요."

일운 스님은 신자나 일반인에게도 정진하며 바르게 살 것을 당부한다. 일반인도 화두를 들면 잡념이 끊어지고, 나쁜 생각이 끊어지면 착한 생각이 일어난다고 한다. 생활 속의 심신 수련법도 일러준다.

"숨을 쉴 땐 장심세균長深細均이라, 길고 깊게, 그러면서 세밀하고 균일하게 해보세요. 밥을 먹을 땐 오래 씹으시고요. 그러면 희로애락을 조절할 수 있고 마음도 몸도 여유롭고 편해집니다. 돈 들여서 운동하는 대신 하루 300번씩만 절을 해보세요. 잔병이 없어지고 성품도 겸손해집니다."

일운 스님은 왜 모든 강물, 시냇물이 바다로 모여드는지 아느냐고 물었다. 잠시 생각을 하며 머뭇거리는 사이, 스님이 던지는 답이 허를 찌른다. "바다는 가장 낮은 곳에 있기 때문"이란다. 높은 곳에 오르려 시비하지도 다투지도 말고 모든 걸 받아들이는 바다처럼 하심하며 살라는 얘기다. 나에게 가장 아름다운 날, 아름다운 순간은 바로 지금이라지 않았는가.

5부

꺼지지 않는 선의 등불

나는 내 마음을 얼마나 잘 쓰고 있을까
01 화엄사 선 등 선 원

· · · · · 선원 문턱을 넘어섰으나 칼을 벼리는 듯한 선기禪氣가 없다. 오래 참선 정진한 선객들 가까기에 서면 무엇인가 형언키 어려운 기운을 느끼게 마련인데…. 선방에 사람이 없는 것일까. 마침 요사채

선등선원 입구

274

쪽에서 나타난 한 스님이 "오늘은 삭발하는 날"이라고 귀띔해준다.

 지리산 화엄사 선등선원禪燈禪院을 찾아간 날은 마침 음력 6월 14일. 선등선원에서는 하안거 결제일(음력 4월 보름) 전날 삭발한 이후 열흘마다 삭발하기 때문에 오늘이 바로 삭발일이라는 것이다. 무명초無明草를 자른 스님들은 그간 정진하느라 굳었던 몸을 풀기 위해 산행을 나가고 없다. 그러니 구도열기로 치열했던 선방에 공허감만 감돌 수밖에. 화엄사 소임자를 통해 기별을 넣었을 때, 선원측에서 날을 골라 잠시나마 외부인의 출입을 허용한 것도 이런 까닭이 아니었을까.

선의 등불을 계속 전한다 · · ·

 화엄사 대웅전 뒤편의 높다란 산언덕에 자리한 선등선원은 임진왜란 때 소실된 남악선원이 있던 자리에 2002년 복원한 선원이다. 1,018평의 널찍한 터에 108평의 선방과 그 좌우편에 지대방, 선덕실, 편의시설 등을 갖춰 50명가량 정진할 수 있는 규모다. 400여 년 만에 복원한 선원이지만 안거 때마다 40명 안팎의 수좌들이 모여들 만큼 인기가 높다. 이번 하안거에는 25명이 정진중이라고 한다.

 선원의 바깥 풍경을 몇 장 카메라에 담은 뒤 요사채 뒤편으로 난 오솔길을 따라 선원장 현산(玄山·64) 스님의 거처로 발길을 옮겼다. 5분쯤 걸었을까. 각황전과 함께 화엄사가 자랑하는 문화유산인 4사자 삼층석탑과 연기존자鷰起尊者 공양탑(국보 제35호)이 눈에 들어온다. 두

층의 기단 위에 3층의 탑을 올린 석탑의 위층 기단 네 모퉁이에는 암수 4마리의 사자를 기둥 삼아 세워놓았다. 사자들이 에워싸고 있는 가운데에 합장한 채 서 있는 스님상은 백제 성왕 22년(544년) 화엄사를 창건한 연기존자의 어머니다. 석탑 바로 앞에는 연기존자가 석등을 인 채 꿇어앉아 비구니 수행자인 어머니에게 차를 공양하는 '연기존자 공양탑'이 마주하고 있어 그의 지극했던 효심을 전해준다.

솔숲으로 둘러싸인 석탑 뒤편의 왼쪽 아래에 성적문惺寂門이라는 편액을 단 탑전塔殿이 있다. 이 문을 들어서면 오롯이 깨어 있으면서도 일절 망념이 일지 않는 성성적적惺惺寂寂의 경지에 이를 수 있을까. 아니면 성성적적이 되는 사람만 들어오라는 뜻일까. 일반인의 출입이 통제된 성적문의 빗장을 열고 들어서니 현산 스님이 반갑게 맞아준다. 19세 때 출가해 지난 1964년 비구계를 받은 현산 스님은 출가한 이후 일찍부터 선방만 다닌 수좌다. 경봉 동산 전강 구산 스님 등 쟁쟁한 선사들을 모신 경력을 갖고 있다. 선사에게 선등선원이라는 이름의 뜻부터 물었다.

"원래 화엄사에는 이 탑전의 월유月遊선원, 봉천원의 남악선원, 그리고 선등선원 등 3곳의 선원이 있었어요. 월유선원은 월유봉 아래에 있어서, 남악선원은 지리산을 남악이라고 불렀기 때문에 붙인 이름이지요. 백두산은 북악, 묘향산은 서악, 금강산은 동악이라고 했거든요. 선등선원은 선의 등불을 계속 전한다는 뜻에서 붙인 이름이지요."

절 이름이 그렇듯이 화엄사는 원래 화엄학을 드날린 곳이었다. 백제 법왕 때에는 3,000여 명의 스님들이 머물며 화엄학을 공부했고, 원효대사도 이곳에서 화랑들에게 화엄학을 가르쳤다고 한다. 통일신라에

선등선원

와서는 의상대사가 이곳을 화엄종의 원찰로 삼아 화엄설법을 폈다. 또 의상대사의 손상좌인 연기조사(창건주 연기존자와는 다른 인물) 때에는 화엄사 산중에 이른바 '8가람 81암자'가 조성됐고, 그 중심인 화엄원 (현 화엄사) 안에 화엄경을 석판에 새긴 화엄석경을 조성해 지금의 각 황전 자리에 장육전을 세워 봉안했다.

　교종 가람이던 화엄사에 선원이 생긴 것은 신라 헌강왕 1년(875년) 도선국사가 머물면서부터였다. 도선국사는 봉천원에 남악선원을 열고 선교양종의 종합수도원인 대총림을 개창했다. 그때 밝힌 선의 등불이 지금까지 전해지고 있는 셈이다.

나를 모르는 데서 고통은 시작되고‥

 이번 하안거에 수좌들의 공부가 어떠냐고 묻자 선사는 "무더위에도 아랑곳 않고 열심히 정진하고 있다"고 전한다. 선등선원에는 선방 경력이 적은 초참 납자는 별로 없고 오랫동안 참선한 구참이 많아서 스스로 공부하는 것이 특징이라고 설명한다. 입방자入房者의 자격과 수행자세, 행동지침 등을 정한 선원의 청규淸規를 보면 스스로 공부하지 않을 수 없을 듯하다.
 '①비구로서 정진에 결함이 없는 자에 한한다. ②간화선 참구를 원칙으로 한다. ③수행정진에 전념하고 여타의 일에 간여치 않는다. ④정진중에는 무언을 철칙으로 하며 외출을 금한다. ⑤각각의 소임에 충실해야 한다… 선납자와 후납자가 상호간에 화합과 존경을 바탕으로 질서를 지켜야 한다…'
 뿐만 아니다. 선원에 방부를 들일 때에는 선원청규를 따를 것, 경외지에서의 대중공양을 일절 삼갈 것, 응급을 요하는 중병이 생겼을 경우라도 반드시 소임자의 지침에 따를 것, 정진 시간을 철저히 지킬 것 등을 서약하고 만일 어겼을 경우

사사자 삼층석탑

선원장 현산 스님

즉시 스스로 퇴방할 것을 서약해야 한다. 그러니 참선 공부를 제대로 하지 않고 어슬렁거릴 여유가 없다. 목표를 향해 전력질주하는 달리기 선수처럼, 오로지 화두를 계기판으로 삼고 운전대로 삼아 의심덩어리가 툭 터지는 곳을 향해 달려갈 뿐이다.

"내가 나를 모르는 데서 중생의 고통이 시작됩니다. 이 몸뚱이가 오래 갈 것 같지만 믿을 게 하나도 없는 삼계화택三界火宅일 뿐입니다. 조금만 심하게 바람이 불거나 비가 와도 죽을 수 있고, 병이나 사고로도 죽을 수 있는 불안한 존재예요. 나고 죽음이 없는 도리, 천지와 더불어 둘 아닌 본래면목을 찾아야 하는데, 그것이 바로 참선입니다."

흔히 참선은 깨달음에 이르는 여러 방편들 가운데 가장 쉽고 빠른 지름길이라고 한다. 하지만 선원에 발을 들여놓고도 구도의 세월이 10년, 20년을 넘긴다면 참선이 과연 쉽고 빠른 길이라고 할 수 있을까. 선사의 답변은 단호하다.

"내 마음을 아는 것인데 쉽다면 쉽고 어렵다면 어렵지요. 그러나 세속에서도 사업가들이 돈을 벌고 성공하기 위해 하루에 서너 시간 잠자며 동분서주하지 않습니까. 영어 하나에 통달하는 데에도 십수 년씩 걸리지 않습니까. 하물며 만법의 왕이며 온갖 것에 두루한 내 본성을 찾으려면 그만한 시간과 대가를 각오해야지요. 하루하루, 순간순간을 내 마음을 깨닫는 데 진력하면 이루지 못할 것이 없어요."

바람이냐, 깃발이냐···

선사는 무엇이 성공한 삶인지를 생각해보라고 한다. 젊은 시절 부귀영화를 누리며 편하게 지내다가 늘그막에 빈털터리가 돼 비참한 최후를 맞는 사람이 성공한 것인지, 평생을 애쓰며 고생하다가 노년을 여유롭게 보내는 것이 성공한 것인지…. 삶은 끝이 좋아야 한다고 선사는 강조한다. 선객들이 참선으로 깨달음을 구하는 것도 이런 까닭이라고 한다.

"깨닫고 나면 걱정과 근심이 사라지고 남이 내 자존심을 건드려도 속이 상하지 않을 만큼 고요하고 깨끗하며 맑은 심성을 갖게 됩니다. 지혜심이 항상 드러나서 욕망이 부질없는 줄 알게 되고 모든 일에 걸림 없이 살게 되지요. 세인들은 애욕, 물욕으로 심성이 흐려져 있지만 깨달은 사람은 담담하고 자비롭고 환희심에 가득 차서 살게 돼요."

선사는 참선공부를 잘 하려면 마음부터 비우라고 충고한다. 요즘 사람들은 인터넷이다 뭐다 해서 너무 많은 것을 알고 있어서 도리어 공부에 방해가 된다는 것. 생각이 많을수록 선과는 거리가 멀어지므로 비우

화엄사 각황전

는 것이 필요하다는 얘기다.

"삼계三界가 다 몽중사夢中事라, 참선으로 깨닫고 나서 보면 다 허망합니다. 수행자란 그저 묵묵히 정진할 뿐입니다. 세간의 상식과 지식을 아무리 많이 알아도 자기를 아는 데에는 바닷속 모래를 세는 것같이 멀기만 하지요. 이런 지식과 생각, 나에 대한 집착이 요동치고 다투면 앞이 더 안 보여요. 오로지 비우면 내 마음자리가 드러나는데 그걸 잘 못해요."

부처님의 제자 가운데 가장 머리가 뛰어났던 아난은 이런 점에서 좋은 반면교사反面教師다. 아난은 부처님을 그림자처럼 시봉하며 법문 한 구절도 빼놓지 않고 다 외웠지만 먼저 깨닫고 법을 이은 사람은 가섭존자였다. 부처님은 생전에 다자탑에서 자신의 자리를 내어 주고多子塔前分半座, 영산회상에서 꽃을 들어 보이고拈花微笑, 열반 후에는 관 바깥으로 두 발을 내밀어 보임으로써槨示雙趺 가섭에게 마음을 전했다. 법을 전하는 데에는 말이 필요 없었던 것이다. 천 날 만 날 배우고 외워도 하루 참선하는 것만 못하니, 팔만사천대장경을 다 외운다고 해도 정작 자기 마음을 밝히지 못한다면 무슨 소용이 있겠느냐는 얘기다.

"어느 날 두 스님이 깃발이 바람에 펄럭이는 것을 보고 깃발이 움직이느냐, 바람이 움직이느냐를 놓고 논란을 벌였어요. 그때 육조(혜능) 스님이 나서서 이렇게 일갈했습니다. '바람이 움직이는 것도 아니요, 깃발이 움직이는 것도 아니요, 그대들의 마음이 움직이는 것이다.' 보고 듣는 모든 것은 마음이 그렇게 하는 것이니, 내가 괴로우면 세상 모든 것이 괴롭지 않습니까."

하지만 수행의 길이 쉽지는 않을 터. 망념妄念이 쉽게 사라지지 않아 사지가 뒤틀리거나 기가 머리로 솟아올라 견디기 힘든 고통을 겪기도 한다. 무엇보다 힘든 것은 공부의 진전이 더딘 데서 오는 답답함이다. 그렇다고 수행 그 자체가 집착의 대상이어서도 안 되는 것이 참선 공부다. 그래서 선사는 "수행이란 옷 입고 밥 먹는 것인데, 옷을 입고 밥을 먹되 옷 입은 생각도 밥 먹는 생각도 없는 그런 경지여야 한다"고 설명한다.

"일상생활에서도 너무 눈에 보이는 것에 집착하지 마세요. 복이 있는 사람은 숙세宿世부터 베풀고 산 사람들입니다. 다른 사람을 지혜의 길로 이끌거나 그들에게 불법佛法을 알리는 것, 물질적으로 도와주는 것 등 베푸는 데에는 여러 가지 방법이 있어요. 그러나 베풀지 않으면 언젠가는 가난과 불화, 장애의 고통을 받게 되니 지금이라도 잘살려면 보시를 행하세요."

　선사는 "처자권속이 있으면 어느 정도의 물질적 욕구를 충족시키는 게 불가피하지만 그 가운데서도 좋은 생각을 일으키라"고 당부한다. 남에게 물 한 잔 떠주는 것, 낯선 사람에게 길을 가르쳐주는 것 등 마음을 잘 쓰는 것(善用其心·선용기심)이 잘사는 길이라고 거듭 당부한다. 나는 내 마음을 얼마나 잘 쓰고 있을까.

중생과 부처의 갈림길이 내 마음에 있으니

02 상 원 사　용 문 선 원

᛫ ᛫ ᛫ ᛫ ᛫ ᛫ 서울에서 그리 멀지 않은 곳인데도 찾기가 쉽지 않다. '경기의 금강'이라 불리는 양평 용문산 중턱에 자리잡은 상원사上院寺 용문선원龍門禪院. 용문사에서 서쪽으로 3.7킬로미터쯤 떨어진 곳이지만 산 아래에 이르기까지 변변한 이정표 하나 없다.

　물어 물어 절로 올라가는데, 문 하나가 길을 막아선다. 상원사의 산문山門인데 여느 사찰의 일주문처럼 번듯하지 않아서 모르고 지나치기 십상이다. 앞서 올라가던 등산객 한 사람이 출입통제 구역인 줄 알고 문 앞에서 발길을 돌린다. "스님들의 수행 분위기를 위해 참배객 외에는 출입을 막는다"는 사찰측의 의도가 맞아떨어진 셈이다.

　호젓한 산길을 한참 올라서야 상원사가 나온다. 가파른 산 중턱의 넓지 않은 터에 자리 잡은 통일신라기(913년 창건) 고찰이다. 당우라야 대웅전과 요사채인 제월당霽月堂과 청운당靑雲堂, 삼성각 등으로 단출하다. 이 작은 절에서 선원을 어떻게 운영할까 싶을 정도다. 용문선원은 제월당 옆의 작은 둔덕 너머에 있다. 대나무로 만든 목책에 '선원출입

선원으로 오르는 계단(위)과 선원 건물

금지'라는 팻말을 걸고 그 옆에는 선원장 명의로 이런 안내문을 붙여 놓았다.

'회색 걸망 바루 한 벌에 무명초無明草를 끊고 백운白雲에 뜻을 심으며 용문산에 마음을 가두니 태고 보우 선사의 선풍禪風과 선지禪旨가 남아 죽비 삼성三聲에 해탈하여 일언一言에 만법이 열리고 돈각頓覺에 삼라만상이 들어오더라. 이 도량에 용문선원을 개원하여 눈 푸른 납자들이 모여 수행 정진하니 신도님들은 출입을 삼가 주십시오.'

대나무 문을 지나 계단을 오르면 새로 지은 듯한 황토벽 건물이 산뜻하다. 황토벽 건물 옆 계단을 따라 다시 오르면 파란 잔디밭 끝에 자리 잡은 목조건축 한 채, 선방 건물이다. '용문선원' 편액은 지난해 입적한 백양사 방장 서옹 스님의 말년 글씨다. 용이 구름을 타고 오르는 듯 글씨가 꿈틀꿈틀 살아 있다.

깊은 산중 생사를 건 수좌들의 수행도량 ····

선방은 고요하다. 해제철인 데다 간화선 수행 지침서 발간을 위한 선원장급 회의가 마침 이곳에서 열리게 돼 있어 수좌들이 잠시 자리를 비웠다. 아무도 없는 선방 문을 열고 들어서자 지난 여름 정진했던 수행자들의 명단이 적힌 용상방龍象榜이 먼저 눈에 들어온다. 조실祖室 월운 해룡月雲 海龍, 선덕禪德 성재性載, 선원장 월암 의정月庵 義正, 한주閑主 의광義光…. 비록 선방은 비었으나 용상방을 보는 것만으로도 생사를 걸고 수행했을 수좌들의 모습이 떠오르는 듯하다. 선방에서 산 아래를 내려다보니 일망무제一望無際, 첩첩의 산들이 아득하도록 퍼져 나간다. 산의 끝은 구름 한 점 없이 파란 하늘과 맞닿아 있다. 이 깊은 산

용문선원 내부

속에 누가 이런 수행도량을 세웠을까.

"상원사는 통일신라 때 세운 절인데 고려시대부터 선원이 있었어요. 여기서 용문산 정상으로 올라가는 길에 고려 중엽 비구니 묘덕 스님이 창건한 윤필암이 상선원, 상원암이 하선원이었답니다. 상원사는 태고보우(1301~1382) 국사가 수행한 곳으로 유명하지요. 조선시대에는 태조의 왕사였던 무학(1327~1403) 대사가 왕사를 내놓고 내려와 이곳에서 수도했고, 1462년 세조가 이곳에 참배하러 왔을 때에는 법당인 담화전 상공의 구름 위에 백의관음白衣觀音이 나타나 그 휘황한 원광을 30리 밖 고을 사람들도 보았다고 해요."

선원장 의정(義正·59) 스님의 설명이다. 태고보우 국사는 양평 사나사에서 태어나 30세 때 상원사에 와서 열두 가지 큰 서원을 세우고 기도정진하며 간절히 공부해 처음으로 득력得力했다고 한다. 30대 후반에는 어머니를 모시고 사나사에서 살았고, 말년에는 소설산少雪山에 소설암少雪庵을 짓고 살다가 입적해 양평은 태고보우 국사의 법향이 짙게 남은 곳이다. 이 때문에 수좌들은 용문선원에서 한 철 공부를 하고 나면 태고선사 유적지를 순례한다.

세조는 상원사에서 자던 날 밤 관음보살을 친견한 뒤 어명을 내려 관음상을 만들고 불전을 세우는 등 상원사를 크게 중수했다. 그 후에도 수차례 상원사는 중수를 거듭했으나 1907년 의병봉기 때 일본군이 불을 질러 법당만 남았고, 한국전쟁 때에는 치열한 용문산 전투 와중에 또다시 전소되면서 선원의 명맥이 끊어졌다. 그러나 2000년대에 들어와 주지 청암 스님이 선원과 요사채를 짓고 진입로를 포장하는 등 불사佛事를 일으킨 끝에 2001년 4월 용문선원이 문을 열면서 선원의 전통을 다시 잇고 있다. 당시 최항이 세조의 관세음보살 친견 모습을 기록한 '관음현상기觀音現相記'가 서울대 규장각에 남아 있어 이를 근거로 사찰의 옛 모습을 되찾는 작업이 진행되고 있다.

부처와 중생과 마음은 차별이 없다··

용문선원은 터와 산세에 맞게 크지도 작지도 않게 지은 것이 특징. 14명가량이 정진할 수 있는 27평 규모다. 선방 아래채에는 연로하거나 몸이 아픈 사람을 위해 6개의 방을 마련했다. 2004년 하안거에는 15명이 정진했는데, 대개 3분의 1가량은 해제 후에도 여기에 남아서 다음 안거로 공부를 이어간다. 용문선원에서는 다른 선원처럼 하루 10시간 정진이 기본이지만 14~16시간씩 정진하는 사람이 많다고 한다. 또 결제중에는 산문 밖 출입이 엄격히 금지되고, 정진을 각자 사정에 맡기는 자유정진도 일절 없다고 의정 스님은 설명한다.

"용문산의 암석엔 옥玉이 많이 섞여 있어서 산이 힘 있고 정기가 맑아 용문선원은 수행하기에 참 좋은 곳입니다. 따라서 선원의 규모는 작지만 청규가 엄하고 공부꾼이 많은 선원이라고들 해요. 입방원서를 쓸 때 짬지게 공부할 수 있는 사람만 오도록 합니다."

의정 스님은 봉선사 전 조실 운경 스님을 은사로 출가해 30년가량을 선방에서 수행하며 수좌계의 존경을 받아온 선승이다. 일찍부터 구도심이 생겨 대학 재학중이던 스물넷에 출가해 강원을 마친 직후부터 전

용문선원에서 내다보는 첩첩의 산세가 절경이다.

국의 선방을 섭렵했다고 한다. '간화선 위기론'에 맞서 '간화선 수행 지침서'를 편찬하는 일에도 다른 선원장 스님들과 함께 주도적으로 참여해왔다.

"한국 불교는 간화선이 중심인데 최근 남방불교의 수행법인 위파사나와 티베트 수행법, 염불선, 각종 명상법 등이 널리 보급되면서 간화선 위기론이 나오는 상황입니다. 세속에서 접하던 명상법을 갖고 들어와 수행하는 스님도 있어요. 반면 간화선의 수행법을 설명한 서장書狀이나 선경어禪警語, 몽산법어夢

선원 요사채

山法語, 선가귀감禪家龜鑑 등은 한문으로 돼 있어 신자는 물론 스님들에게도 어려운 게 사실입니다. 내용 자체가 어려운 데다 한문에, 옛날식 표현 등이 겹쳐 있으니 참 어렵지요. 그래서 누구나 쉽게 이해할 수 있는 수행 지침서를 만들었어요."

간화선이 너무 어렵고 수행의 결과가 더디게 나타난다는 지적에 대해 의정 스님의 반응은 단호하다. 간화선은 최상승선이므로 범상한 생각으로는 할 수 없다는 것. 점차 이뤄나가는 게 아니기 때문에 간절한 발심 없이는 어려울 수밖에 없는 수행법이라고 설명한다.

"간화선은 중생에서 부처로 옮겨가는 게 아니라 본래 내가 부처임을, 본래 성불한 나를 확인하는 것입니다. 화엄경에서도 '심불급중생 시삼무차별心佛及衆生 是三無差別'이라고 했지 않습니까. 우리 마음이

나 중생이나 또는 부처나 모두가 다 같다는 것이죠. 일체중생이 부처의 지혜와 공덕을 갖고 있으나 다만 범부는 그것을 보지 못할 뿐입니다. 수행의 성과가 점점 나타나는 점차법漸次法이 공부하는 재미는 있겠으나 옳은 길은 아닙니다. 간화선은 근기가 낮고 발심이 안 된 사람에게는 힘든 수행법인데, 재미가 없어 딴 길로 가는 사람들도 있지요."

의정 스님은 "범부가 성불하려면 몇 겁을 닦아야 한다"며 조급한 마음을 경계한다. 석가모니 부처님도 과거세에 공부한 것을 바탕으로 현세에 성불했는데 범부의 성불이 하루아침에 되겠느냐는 얘기다. 혜능 선사를 비롯한 옛 조사들처럼 말 한마디에 개오開悟할 만큼 뛰어난 근기를 지녔다면 모를까, 그렇지 않은 보통 사람들이 간절한 발심도, 목숨을 내놓는 치열함도 없이 깨달음에 지름길로 간다는 건 말도 안 되는 소리다. 선사는 "보조지눌 스님 때부터 사교입선捨敎入禪을 강조했는데, 근기가 낮은 사람은 교敎를 가르쳐 기초를 닦은 다음에 참선을 하도록 해야 한다"고 강조한다.

"합리주의를 위주로 한 현대식 교육은 도道와 거리가 멀어요. 따지고 분별해서는 도를 이룰 수 없거든요. 학교교육이 정신을 성장시키는 인성·영성교육이어야 하는데 그렇지 못하니 문제입니다. 그래서 선가에서도 초심자 교육이 어려워요. 절집에 와서 전통을 거부하며 합리성을 주장하지만 실제로 수행을 지도해보면 화두가 들리지 않아 애를 먹고, 이 때문에 고민이 많아요. 그렇다고 현대문명과 담을 쌓고 살 수도 없는 노릇이니 이 고민을 해결할 선지식이 나와야 합니다."

간절히 자기 안의 부처를 찾으라 · · · ·

의정 스님은 "21세기 과학문명을 이끌 정신이 없다"며 간화선의 세계화 가능성과 필요성을 역설한다. 서구에는 소승선과 위파사나만 알려져 있고 간화선은 알려져 있지 않아서 한국 불교가 그 역할을 맡아야 한다는 것. 중국이 간화선의 종주국이기는 하지만 지금은 한국에서 배워갈 정도로 간화선 전통이 무너져버렸기 때문이다. 전국의 선원장들이 주축이 돼 2005년 간화선 지침서 '조계종 수행의 길-간화선'(조계종 출판사)을 만들고 일반인을 위한 간화선 수행프로그램을 내놓은 것은 그런 기초작업이다. 선사는 "세계 사람들이 이해할 수 있는 언어로 간화선을 설명한 자료들이 많이 있어야 한다"며 "그런 준비도 하고 있다"

용문선원의 역사를 설명하는 의정 스님

고 밝혔다.

"수행을 하든, 사업을 하든, 직장생활을 하든 살다 보면 뜻대로 안 될 때가 많은데 그때가 소중합니다. 장애가 있을 때 그것을 정신적으로 승화시켜 받아들이면 수행도 되고 발전하게 되지요. 그러나 장애를 힘들게만 생각하면 정신적으로 피폐해져요. 열악한 환경에서도 좌절하지 않고 능동적으로 창조하는 게 선의 생활입니다. 이 세상은 내가 창조하는 겁니다. 원래 우리는 부처인데, 이 부처는 가장 긍정적이며 창조적입니다. 이 긍정적·창조적 부처를 잘 써먹어야 하는데 사람들은 이걸 놔두고 중생심을 써먹어요."

중생으로 살 것인가, 부처로 살 것인가. 의정 스님은 "간절한 발심으로 본래 자기 안에 갖춰진 부처를 찾으라"고 거듭 강조한다. 세상 사는 일에도 그런 간절함이 필요한 것 아닐까. 중생과 부처의 갈림길이 내 마음에 있으니….

어디서 와서 어디로 가는가
03 파리 사자후선원

"맛있는 것을 먹고 싶고, 좋은 것을 보면 더 많이 갖고 싶고, 때로는 원초적 욕망이 일어날 때 어떻게 해야 합니까?"

"가고자 하는 방향이 정해져 있으면 욕망은 문제가 되지 않습니다. 선 수행을 꾸준히 하면 깨달음을 성취하느냐에 관계없이 수행 그 자체가 힘을 얻게 만들어요. 수행은 사람을 변화시키고 참된 삶을 살게 하는 힘을 줍니다. 깨닫고 못 깨닫고는 그 다음 문제입니다."

"그렇다면 지금 마음이 욕망으로부터 자유롭고 평화롭습니까?"

"(선방을 가리키며) 모든 것은 여기에 있습니다. 내 마음이 평화로우면 남을 볼 때에도 평화롭지요."

'사자후선원' 현판

프랑스에 위치한 한국 불교의 한 모습···

파리 시내 한복판의 1구역 리용가街 주택가의 사자후獅子吼선원. 폴란드 출신의 우봉(56) 선사가 한국에서 찾아온 방문자들의 질문에 조용한 어조로, 그러나 거침없는 활달함으로 선禪의 세계를 펼쳐 보인다. 사자후선원은 1995년 우봉 선사가 스승인 숭산 스님에게 배운 간화선看話禪을 프랑스에 전파하기 위해 세운 곳으로 숭산 스님이 설립한 관음선종의 유럽 내 중심이다. 처음엔 우봉 선사의 아파트에 모여서 참선(명상)하는 것으로 시작해 7년 전 현재의 자리에 선원을 꾸렸다고 한다.

큰길에서 주택가 안쪽으로 들어서면 자그마한 마당이 있고, 커다란 철문에 'Assoc. Bouddhiste Zen Kwanum' (관음선종 협회)이라는 명판이 조그맣게 붙어 있다. 철문을 따라 들어서면 자그마한 정원 사이로 통로

관음선종협회 명판이 붙은 대문 앞에 선 우봉 선사

가 나 있고 이 통로가 연결하는 3층 건물의 1층에 사자후선원이 있다. 한국의 전통 선원과는 입지나 건물형태 등 공통점을 찾아보기 어렵지만 그래도 참선수행 공간인 선방은 최대한 한국적인 분위기를 살렸다.

선방의 정면에는 탱화와 불상으로 불단을 마련했고, 바닥에는 작은 범종도 놓여 있다. 왼쪽 벽면엔 선가禪家의 대표적인 화두인 '이뭣고'를 뜻하는 '是甚麼(시심마)'라는 글씨를 담은 달마도가 걸려 있고, 불상과 맞은편 벽에는 한국 선불교의 중흥조인 경허 스님을 비롯해 그 법맥을 이은 만공 고암(숭산 스님의 은사) 스님의 초상화와 숭산 스님의 사진이 걸려 있다. '佛(불)' '龍(용)' 등의 붓글씨와 선필禪筆로 유명한 덕숭총림 방장 원담 스님이 쓴 '세계일화世界一花'도 한 자리씩 차지하고 있다.

"신자로 등록한 사람이 20명가량 되는데 매달 2~3일씩 용맹정진을 함께합니다. 또 여름·겨울엔 3개월간 집중 수행하는 안거도 하고 이때를 포함해 1년에 3번은 1주일씩 용맹정진을 해요. 1주일 용맹정진에는 외국에서도 많이 동참하러 오지요. 컴퓨터 프로그래머, 엔지니어, 사업가, 군인, 정신과 의사, 비밀경찰 등 다양한 직업의 사람들이 동참하는데, 스트레스가 많은 직업이라는 공통점이 있어요."

우봉 선사에 따르면 프랑스는 불교신자가 200만 명에 이를 정도로 유럽에서 가장 불교 인구가 많은 나라다. 베트남, 캄보디아 등 아시아 식민지 국가 출신 이민자들이 대부분을 차지하지만 새롭게 불교에 눈을 뜨는 프랑스인에게는 티베트 불교와 일본 불교가 많이 전파돼 있다. 현재 사자후선원에서 참선에 동참하는 사람들은 현지인들이 대부분이고 그중에는 기독교인, 무슬림, 유대인, 마르크시스트까지 있다.

그러나 우봉 선사는 "이들이 불교 신자냐, 아니냐는 중요치 않다"고 말한다. 아직은 기독교 전통이 강한 유럽에서 불교를 종교로 받아들이는 사람이 적기도 하지만 중요한 것은 어떤 종교냐를 가르는 분별보다 존재의 실상을 바로 알고 그 바탕에서 실천하는 것이라는 얘기다. 그 실상을 바로 아는 방법은 바로 화두를 들고 참선하는 간화선이다.

"화두는 일부러 집중하는 게 아니라 생각이 일어나기 전에 있는 것입니다. 마음에 큰 의문(화두)이 있으면 굳이 생각하려고 하지 않아도 생각 전에 있게 됩니다. 저는 숭산 스님이 주신 '나는 누구인가'를 화두로 정진하고 있습니다."

사자후선원의 하루 일정은 한국의 전통사찰과 크게 다르지 않다. 오

사자후선원 내부

전 5시 45분에 기상해 6시에 새벽예불을 드리고 30분간 참선한다. 예불과 참선에는 한국 사찰과 똑같이 목탁과 죽비를 사용하고 예불의 차례와 내용도 한국 사찰과 똑같다. 아침마다 한국식 종소리와 '계향 정향 혜향 해탈향 해탈지견향…'으로 이어지는 예불문이 한국어로 낭랑히 울려 퍼진다.

   차이라면 반야심경 독송을 한국어와 불어로 한다는 것. 선원 내 생활도 채식을 원칙으로 하는 등 한국식이다. 다만 프랑스적 요소가 있다면 식사 때 가끔 와인을 곁들인다는 점. 한국 불교가 세계에 전해지면서 원래 그 모습을 100퍼센트 다 유지하기란 기대하기 어려운 일일 것이다. 서구의 여느 종교시설처럼 회비를 받는 대신 선방 위층에 있는 방 6개를 관광객들에 빌려주는 수익금으로 선원 운영자금을 충당한다.

여연 스님이 선물한 대장경판을 놓고 웃고 있는 우봉 선사

숭산 스님을 처음 만난 날 ...

속명이 야콥 펄인 우봉 선사는 머리를 깎고 잿빛 승복을 입고 있지만 숭산 스님의 또 다른 제자인 자미 법사(48·속명 그라지나 펄)와 결혼한 몸. 출가한 적도 없고, 현재 스님도 아니다. 한국적 전통에서 본다면 생소하지만 숭산 스님은 생전에 이들을 각각 'zen master(선사)'와 'dharma master(지도법사)'로 인가했다. 두 사람은 유럽 전역을 누비며 한국 불교의 선수행을 유럽인들에게 알리고 있다. 선원장을 맡고 있는 자미 법사는 이날도 마침 참선지도를 위해 스페인으로 떠나고 없었다.

우봉 선사가 숭산 스님을 만난 것은 1972년. 미국 버클리대 재학 시절 막 미국 포교를 시작한 숭산 스님을 만나 첫 제자가 됐고, 숭산 스님의 아파트에서 함께 살면서 공부했다고 한다. 우봉이라는 법명도 숭산 스님이 직접 지어준 것이다. 한국에도 자주 왔고, 계룡산 무상사에서 공부하기도 했다.

"숭산 스님을 만나기 전에 일본 선불교와 티베트 불교를 공부했는데 숭산 스님의 가르침은 직설적·직선적이며 단순하다는 점에 마음이 끌렸어요. 티베트 불교는 단계적으로 나아가도록 해 매우 복잡하고, 일본 불교는 종파가 나뉘져 있는 반면 한국 불교는 모든 것을 아우르는 통불교라서 더욱 좋았지요. 숭산 스님을 처음 만났을 때 영어가 서툴렀지만 오히려 그 점으로 인해 어려운 선불교를 쉽고 단순하게 설명해주셨던 것 같아요."

숭산 스님의 서툰 영어가 오히려 공부에 도움이 됐다는 말, 무슨 뜻인지 짐작할 만하다. 숭산 스님은 영어가 서툴렀지만 그로 인해 단문·

단답형으로 명료하게 뜻을 전할 수 있었던 것. 숭산 스님은 법회가 끝나면 제자들의 수행 정도를 일일이 점검하고 지도했다. 지인에게 전해 들은 숭산 스님의 제자 지도법은 이렇다.

"Where are you from?(그대는 어디서 왔는가)"

"I came from California.(캘리포니아에서 왔습니다)"

"Before California, where are you from?(캘리포니아 이전에는 어디서 왔는가)"

"My hometown.(고향에서 왔습니다)"

"Before your hometown?(고향 이전에는)…"

"From my parents.(부모님에게서 왔습니다)"

"Before your parents?(부모가 태어나기 전에는)"

"……"

이런 식이다. 숭산 스님은 '父母未生前 本來面目 是甚麼(부모미생전 본래면목 시심마 · 부모가 태어나기 전 나의 참모습은 무엇인가)'라는 유명한 화두, 즉 '이뭣고'를 이렇게 간단한 영어로 명료하게 전해줬던 것이다. 게다가 말이 막히면 온몸으로 뜻을 전하는 열정까지 보였으니 제자들이 빠져들 수밖에…. 우봉 선사가 숭산 스님을 처음 만난 날도 이러했다고 한다. 우봉이 자리에서 일어서면서 가겠다고 인사를 하자 숭산 스님은 "어디로 가는가?"라고 물었다. 아무런 답도 하지 못한 우봉은 다음날 다시 숭산 스님을 찾아가 제자가 됐다.

자미 법사와는 폴란드에서 수행할 때인 1987년에 만나 2년 뒤 결혼했다. 자미 법사는 폴란드계 미국인으로 보스턴 대학 출신. 숭산 스님이 두 수행자의 결혼을 축하하고 주례까지 서 줬다. 아직은 출가수행자가 부족해 재가불자가 중심이 될 수밖에 없는 서구의 현실을 감안한 결정이다. 결혼 후에도 수행정진을 계속하던 이들은 1995년 파리로 와서 관음선종센터를 열었고, 2년 뒤 사자후선원을 개원했다.

"행복도 슬픔도 없습니다"···

"출가자로 살아갈 생각이 없느냐"는 질문에 우봉 선사는 "이젠 스님 될 자격이 없지 않느냐?"며 웃는다. 조계종에서 출가연령에 상한선을 둔 것을 놓고 하는 소리다. 하지만 실은 수행자의 결혼생활이라는 것이 포교를 위한 방편일 뿐 여염집 가정생활과는 판이하기 때문에 우봉 선사는 "같이 살아도 혼자 사는 거랑 다를 게 없다. 수행을 통해 마음의 평안과 행복을 얻는 것으로 만족한다"고 덧붙인다.

선지를 펴 보이는 우봉 선사

우봉 선사는 "벨기에, 독일, 네덜란드 등 유럽 각국에 관음선종의 선 센터가 있다"며 "모든

선 센터들이 한국 사찰을 모델로 운영하고 있다"고 전한다. 리투아니아, 폴란드, 체코, 슬로베니아, 오스트리아, 알바니아 등에도 교민과 학생들이 만든 선 센터가 있다. 지금 자미 법사가 스페인에 간 것도 그곳 선센터의 수행자들을 지도하기 위해서다. 매 안거가 끝나면 이들 선 센터의 지도자들이 모여 수행과 관련한 문제를 논의한다.

하지만 유럽에서 한국 불교의 위상은 아직 미미하다. 프랑스에는 파리 근교에 법정 스님이 세운 송광사 파리분원인 길상사가 있지만 교민과 유학생 위주의 포교에 그치고 있는 실정이다. 그래도 우봉 선사는 "이곳에 오는 사람들은 자기 스스로를 이해하기 위해 화두를 자연스럽게 받아들인다"며 "한국 불교가 유럽에서 확산될 가능성이 충분하다"고 자신감을 보였다.

짓궂다 싶을 만큼 까다로운 질문에도 미소를 잃지 않고 차근차근 설명하던 우봉 선사. 한국 방문자들을 인솔한 여연 스님이 헤어지면서 "날마다 행복하세요. 깨달아 성불하십시오"라고 인사하자 "행복도 슬픔도 없습니다. 깨달음도 성불도 잊었습니다"라고 선지禪旨를 펴 보인다. 철문 앞에 합장하고 선 그의 표정이 더없이 환하다.

그 뜻을 허공과 같이 맑게 하라

04 선 암 사   칠 전 선 원

이른 아침 산사에 오르는 발걸음이 가볍다. 전남 순천시 승주읍의 조계산 선암사. 전국적인 '불사佛事 붐'에도 전통사찰의 원형을 가장 잘 보존하고 있는 것으로 손꼽히는 곳. 야간에는 차도, 사람도 선암사에 들어올 수 없다. 밤 10시부터 새벽 4시까지는 스님들의 수행정진 및 문화재보호를 위해 통행을 제한하는 탓이다.

막 잠에서 깨어난 자연의 소리는 정갈하다. 계곡의 물소리와 새들의 지저귐, 풀잎과 나무들의 기지개 켜는 소리가 도시에서 찌들었던 몸과 마음을 말끔하게 씻어준다. "좋다, 좋다, 참 좋다"는 감탄이 절로 나온다. 매표소를 지나면 바로 비포장 길. 차량 운전자에게 시속 10킬로미터를 넘지 말라고 알려주는 두 번째 통행 제한문을 통과하자 '曹溪山 仙巖寺 禪敎兩宗 大本山'(조계산 선암사 선교양종 대본산)이라는 한자를 새긴 석주가 이곳이 유서 깊은 선찰임을 예고한다.

부도밭을 지나자 눈을 부릅뜬 목장승 둘이 길목을 지키고 서 있다. 오른쪽 장승에는 '護法善神(호법선신)', 왼쪽 장승에는 '放生淨界(방생

선암사 계곡과 승선교

정계)'라고 씌어 있다. '호법선신'은 불법을 수호하고 중생들이 성불할 수 있게 돕는 착한 신이요, '방생정계'란 매인 것들에게 자유를 베푼다는 뜻. 이곳부터는 모든 생명을 아끼고 사랑하며 자유를 베풀어야 한다는 얘기다.

보물 제400호 승선교昇仙橋의 우아한 자태와 강선루降仙樓의 어울림을 보고 나면 신라 경문왕 때인 862년 도선국사가 축조했다는 달걀 꼴의 작은 연못 삼인당 三印塘이 나온다. 삼인당은 제행무상諸行無常·제법무아諸法無我·열반적정涅槃寂靜의 불교사상을 표현한 것이라는데, 연못 가운

삼인당

데 작은 섬에는 붉게 핀 상사화가 한창이다. 절 입구에서 일주문까지 1.5킬로미터가량을 단숨에 올랐다.

대웅전의 뒤로 올라 팔상전·불조전·원통전을 지나 계단을 오르니 칠전선원七殿禪院. '칠전'이란 선암사에서 가장 위쪽에 있는 일곱 채의 건물군이다. 석가모니 이전에 세상에 출현했던 과거 칠불七佛을 상징한다고 한다. '湖南第一禪院(호남제일선원)'이라는 편액을 건 문간채와 정면의 응진당, 그 왼편의 미타전과 진영당, 오른편의 달마전과 벽안당, 자그마한 산신각 등이 한 울타리 안에 자리 잡고 있다.

1,000년 세월을 뛰어넘어 만나는 태고종의 본산···

　선원장 지허(指墟·65) 스님의 안내로 선방인 달마전에 발을 들여놓자 감회가 새롭다. 고려 때 대각국사 의천 스님이 선암사 대각암에서 오도悟道한 뒤 칠구七區선원을 세운 이래 무수한 선사들이 거쳐간 수행처·아닌가. 선암사 표지석에 '放出曹溪一派淸 劈開南岳千峰秀'(방출조계일파청 벽개남악천봉수·조계의 한 줄기 맑은 물이 흘러나와서 남악 한 봉우리를 쪼개 천 봉우리를 빼어나게 했다)라고 하지 않았던가.
　그런 만큼 규모가 대단할 것이라던 상상은 여지없이 깨졌다. 선방은 불과 두세 평 남짓, 4~5명이 앉으면 꽉 찰 정도로 작다. 하얀색 한지를 사방 벽에 발라 놓은 방에는 좌복 4개가 달랑 놓여 있다. 지난 여름 안거 때 정진하던 그대로다.
　"칠전선원은 조선시대까지만 해도 지리산 칠불암선원, 금강산 마하연, 묘향산 보현사선원과 함께 전국 4대 선원으로 꼽히던 곳입니다. 중국의 석옥청공 선사로부터 법을 전해 받은 태고보우 국사가 '萬法歸一

一歸何處(만법귀일 일귀하처 · 만법은 하나로 돌아가니 그 하나는 어디로 돌아가는가)'의 화두를 들고 가지산과 제방에서 수행하던 종풍을 그대로 잇고 있지요."

이야기는 어느새 1,000년 세월을 뛰어넘어 저 옛날로 돌아간다. 통일신라 때 도선道詵 국사가 창건한 것으로 전해지는 선암사는 고려 선종 때 대각국사 의천(義天 · 1055~1101)에 의해 크게 중창된다. 고려 문종의 넷째 아들인 대각국사는 일찍이 출가해 송나라에서 화엄 ·

칠전선원 입구

천태 양종의 깊은 뜻을 깨치고 돌아와 천태종을 창종하고 선교겸수禪敎兼修를 주창했다.

"중국 천태종은 교종인 데 비해 우리 천태종은 지관선止觀禪을 하는 천태선종입니다. 일찍이 의천 스님은 선암사 대각암에서 정진하다 오도悟道한 뒤 이곳에 칠구七區선원을 세웠어요. 의천 스님의 선교겸수 가풍은 이후 보조국사 지눌(知訥 · 1158~1210) 스님의 정혜결사定慧結社로 이어졌고, 훗날 태고보우(太古普愚 · 1301~1382) 스님은 임제종의 18대 법손인 석옥청공 선사로부터 법을 인가받고 돌아와 본격적인 선법禪法을 폈지요."

지허 스님은 "태고 스님의 종풍은 깨치고 거량하는 것"이라고 말한다. 태고 스님은 먼저 경을 공부한 뒤 가지산과 제방 선원에서 화두를 들고 정진했으며 삼각산 중흥사 태고암에서 5년간 토굴수행을 한 끝에 견성했다. 그러고는 중국으로 건너가 석옥청공 선사와 보름간 밤낮없이 거량한 끝에 석옥청공이 "불법이 동東으로 간다"고 선언했던 것이다. 이런 태고 스님을 종조로 모시고 그 종지와 종풍을 계승한 것으로 자임하는 종단이 한국불교태고종이요 그 본산이 선암사다.

비어 있으므로 실상이 있다

현재 칠전선원은 선암사의 상선원이다. 하선원인 심검당에는 강원 학인 등이 안거 때 참선하는 곳이고, 칠전선원의 달마전은 지허 스님을 비롯한 4~6명의 스님들이 결제·해제가 따로 없이 늘 정진하는 장소라고 한다. 여름에 정진하던 스님들이 만행을 떠나고 초가을인 지금은 지허 스님과 한 명의 수좌만 정진중이다. 태고보우 국사와 마찬가지로 '만법귀일 일귀하처'를 화두로 삼고 있는 지허 스님에게 선의 의미를 물었다.

"금강경에 '만약 부처의 경계를 알고자 한다면 마땅히 그 뜻을 허공과 같이 맑게 하라若人欲識佛境界 當淨其意如虛空'는 말씀이 있어요. 허공과 같이 툭 터져야 걸림이 없다는 뜻입니다. 그런데 부처님 시대에는 말씀만 듣고도 '허공'이 됐어요. 그러나 세월이 지나 근기가 약해지면서 사람들이 그 말씀을 듣고도 '허공'이 됐다가 안 됐다가 했어요. 그래서 허공을 가리킨 게 화두예요. '부처가 뭐냐'는 질문에 '마른 똥 막대기'라고 하고 '조사가 서쪽에서 온 뜻이 무엇이냐'는데 '뜰 앞의 잣나무'라고 한 것은 허공을 허공으로 가리킨 것이지요."

알 듯 모를 듯한 '허공 법문'이다. 중생을 위한 보충설명이 이어진다. 구름·산·바다·물, 그리고 너와 내가 있는 이곳이 허공이다. 허공은 빈 것인데 이런 게 들어 있다. 왜 그럴까. 비어 있기 때문에 이런 실상이 있는 것이다. 실상은 비어 있음을 나타내고 비어 있으므로 실상이 있다. 그래서 산도 구름도 허공이다. 그러니 그 무엇에도 집착하거나 매일 필요가 없다….

"참선한다고 하루 종일 앉아 있는다고 되는 게 아닙니다. 무엇을 하든, 어묵동정語默動靜 행주좌와行住坐臥에 화두를 순일하게 하는 게 중요하지요. 도시에 살든, 산에 살든 매일 아침 예불을 올리고 하루 4시간씩만 참선해 보세요."

기와를 간다고 거울이 될까···

실제로 지허 스님은 13세에 선암사로 출가한 이래 50년 가까이 야생 차 잎을 따서 덖고 비벼 전통차를 만들어온 '차의 명인'이다. 칠전선원 뒤편과 일주문 앞에 있는 차밭만 6,000평에 달한다. 근년에는 선암사 주지도 함께 맡아 절 살림을 하면서 수행정진을 병행했다. 차를 만드는

선방에 앉은 지허 스님

'육조고사' 편액

일이나 주지의 소임이 수행정진에 방해가 되지 않느냐는 물음에 지허 스님은 중국의 남악회양(677~744) 선사와 마조도일(709~788) 선사의 일화를 들려준다.

남악회양 선사가 형악衡岳의 반야사에서 주석할 때 그곳의 전법원에서 도일이라는 스님이 매일 좌선만 하고 있었다. 도일 스님이 부지런히 참선한다는 소문을 듣고 남악 선사가 찾아가서 물었다.

"좌선을 해서 무엇 하려 하는가?"

도일스님이 대답했다.

"부처가 되려 합니다."

이 말을 들은 남악 선사는 절 앞에서 벽돌을 하나 주워 와 돌에다 대고 북북 갈았다. 도일 스님이 이를 보고 "스님, 벽돌을 갈아서 무엇 하시렵니까?" 하고 물었다. 남악 선사는 "거울을 만들려 한다"고 대답했다.

지허 스님

"벽돌을 갈아서 어떻게 거울을 만들 수 있습니까?"

도일 스님의 질문에 남악 선사는 이렇게 일갈했다.

"벽돌을 갈아서 거울을 만들지 못한다면, 좌선을 한다고 해서 어찌 부처가 될 수 있겠는가?"

"스님, 그러면 어떻게 해야 합니까?"

"수레가 가지 않으면 소를 때려야 하겠느냐, 수레를 때려야 하겠느냐. 그대가 만일 앉는 것으로 부처라 하면 그것은 부처를 죽이는 일이고, 앉는 것으로 좌선이라고 집착한다면 선의 이치를 깨닫지 못한 것이다."

달을 가리키면 달을 봐야지 손가락을 봐서야 되겠는가. 계정혜戒定慧 삼학三學도 마찬가지라고 지허 스님은 설명한다. 계율과 선정은 지혜를 얻는 데 도움이 되기 때문에 있는 것이다. 계만 있거나, 정만 있어서는 깨달음을 이룰 수가 없다. 계는 집터요 선정은 목재라면 지혜는 목수에 비유된다. 아무리 터를 잘 닦고 목재가 많아도 목수가 없으면 집을 지을 수 없다고 설명한다.

지허 스님은 "요즘 사람들은 참선을 지식으로 알려고 하거나 논리로 따지려고 하는 등 부처가 된다는 걸 자기의 잣대로 재려고 한다. 참선을 하면서도 1학년, 2학년 오르듯이 선방 경력이 늘어나면 그만큼 진도가 나가야 한다는 생각을 한다"고 지적한다. 참선을 통해 깨치려면

그런 생각마저 떨친 무념무상이 돼야 한다는 얘기다.

"제가 1964년에 거지생활을 한 1년 한 적이 있어요. 경험해보지 않으면 잘 모를 텐데, 생텍쥐페리의 '어린 왕자'에 나오는 조종사가 사막에 홀로 떨어졌을 때처럼, 석가모니가 왕궁을 버리고 산 속으로 갔을 때처럼, 거지생활을 해보니 무념무상이 되더군요. 처음엔 밥 얻으러 갔다가 안 주면 섭섭한 생각이 들었으나 나중에는 주면 주는 대로, 안 주면 안 주는 대로 무심無心의 상태가 되더군요."

차와 내가 동등해야

지허 스님은 그래서 다선일여茶禪一如를 강조한다. 차와 선은 외형상 다르지만 차를 잘 음미하는 것은 곧 마음을 고요히 들여다보는 것이라는 설명이다. 실질적으로도 차는 참선할 때 번뇌와 수마睡魔, 무기(無記·멍청함) 등을 없애주는 방편이라고 한다.

차를 만드는 과정도 수행의 일부분이다. 지허 스님은 "찻잎을 덖고 비벼 차를 만드는 것은 사람이 차를 만드는 것이 아니라 차를 차가 되게 돕는 과정"이라고 했다. 차와 내가 동등해야지 내가 차에게, 또는 차가 나에게 압박을 가하면 차가 품격을 잃어버린다고 한다. 그러므로 찻잎 성분 중 80퍼센트의 수분을 날리고 20퍼센트의 차 성분만 남겨 함축시키는 작업은 점진적이고 부드럽게, 화두일념의 경지가 돼야 한다고 스님은 설명한다.

평생을 차와 함께 살아온 지허 스님은 차 이야기를 할 때 참 행복한 것 같다. 은사이자 출가 당시 선암사 주지이던 선곡 스님으로부터 다맥과 선맥을 이어받은 이야기며 차를 만드는 과정, 우리나라 자생차의 특징과 좋은 점, 일본에서 역수입된 녹차가 전통차로 잘못 알려진 데 대한 비판, 10년 이상 매달 한 차례씩 일반인과 차를 나누며 열어온 '산중다담山中茶談' 이야기 등으로 시간이 훌쩍 흘렀다.

달마전 뒤편으로 난 문을 열고 나서자 부엌이다. 옛날 시골집 같은 부엌에는 커다란 가마솥과 찻물을 끓이는 화로, 차 부뚜막이 있고, 부엌문을 열고 뒤뜰로 나서면 칠전선원 뒤편 6,000여 평의 차밭을 가로질러 땅 밑으로 흘러온 물이 대통을 타고 내린 뒤 네 개의 돌확을 채우고 흐른다. 위에서부터 차례대로 상탕, 중탕, 하탕, 막탕인데 상탕은 부처님께 올리는 청수와 차 끓이는 물, 중탕은 밥이나 국을 끓이는 물, 하탕은 과일이나 채소를 씻는 물로 쓰고 막탕은 세숫물로 쓴다고 한다. 땅위로 솟은 키의 두세 배씩 뿌리를 내린다는 자생차밭 아래를 흘러온 물이라서 그럴까. 돌확의 물맛이 차맛처럼, 선의 기운처럼 맑고 달다.

감사의 글

 고요한 산사에서 정진하는 스님들에게 외부인의 방문은 달갑지 않은 일일 것입니다. 속인의 발걸음을 용납하지 않는 줄 알면서도 인연 있는 분들을 통해 선방에 기별을 넣었을 때 어렵사리 방문을 허락해주신 스님들께 감사드립니다. 특히 정진 중에 짬을 내서 선의 요체와 수행과정은 물론 선방의 일상생활과 삶의 지혜까지 두루 들려주신 선사들께 머리 숙여 고마움을 전하고 싶습니다. 때로는 사자후를, 때로는 자상한 감로법문을 들려주신 이분들이 아니었다면 저는 선방과 수행의 진면목을 보지 못한 채 건물만 보고 왔을 것입니다.

 '하늘 아래 새 것은 없다'는 말이 있듯이 취재를 하고 기사와 책을 쓰는 동안 기존의 자료와 책자에서 많은 도움을 받았습니다. 특히 대한불교조계종 교육원 불학연구소가 펴낸 '선원총람'은 각 선원의 역사와 연혁, 현황과 특징 등을 참고할 수 있는 최대의 조력자였음을 밝혀둡니다. 또한 조계종 교육원의 박희승 연구차장은 각지의 선원에 관한 정보 제공은 물론 여러 차례 섭외까지 해 주셨습니다.

특정 종교를 소재로 한 기사를 신문에 싣는 동안 불평 없이 읽어주신 분들께도 감사드립니다. 많은 분들이 종교적 형평성이라는 측면보다는 삶의 궁극적인 문제에 대해 다가서려는 기획의도에 충분히 공감해주셨고 그 덕분에 짧지 않은 기간 동안 연재가 가능했습니다. 2004년 7월부터 이듬해 2월까지 '선원산책'이라는 이름으로 신문에 연재할 수 있도록 배려해주신 한국경제신문의 이정환 문화부장과 이희주 편집국장께도 감사의 인사를 드립니다. 참고로 책에 쓰인 스님들의 소임은 취재 당시의 것이므로 현재와는 다를 수 있습니다.

지난 겨우내 원고를 쓰고 정리하는 동안 개운사 대원암에 집필 공간을 내 주신 각연 스님께도 감사드립니다. 또한 여러 모로 서투르고 부족한 원고를 깔끔한 책으로 만들어주신 고세규 대표를 비롯한 고즈윈 식구들께도 고마운 마음을 전합니다. 항상 저를 챙겨주는 우리집의 큰 부처님(이진숙)과 날로 총명함을 더해가는 작은 부처님(서보산)은 저에게 가장 큰 힘이 되는 사람들입니다.